LA DOBLE HISTORIA
DEL DOCTOR VALMY

—

MITO

LITERATURA

ESPASA CALPE

ANTONIO BUERO VALLEJO

LA DOBLE HISTORIA
DEL DOCTOR VALMY
MITO

Introducción
Carlos Álvarez

COLECCIÓN AUSTRAL

ESPASA CALPE

Primera edición (Selecciones Austral): 10-V-1976
Tercera edición: 13-X-1992

© Antonio Buero Vallejo, Madrid, 1970, 1968

© Espasa-Calpe, S. A., Madrid, 1976
—

Maqueta de cubierta: Enric Satué
—

Depósito legal: M. 24.637—1992
ISBN 84—239—7280—1

Impreso en España
Printed in Spain

Talleres gráficos de la Editorial Espasa-Calpe, S. A.
Carretera de Irún, km. 12,200. 28049 Madrid

ÍNDICE

INTRODUCCIÓN

Cuando el 21 de mayo de 1972 pronuncia Buero Vallejo su discurso de recepción en la Real Academia Española, en el que se propone analizar y enaltecer la dramaturgia lorquiana, filtra en sus palabras el cúmulo de experiencias que, además de las que la asimilación y el estudio de las grandes obras del teatro mundial le han proporcionado, su propia creación le ha permitido adquirir. Así, su defensa de la tragedia de Lorca, no *contra* sino *junto* al esperpento de Valle-Inclán, es también, en resumen, una apología de su propia labor como dramaturgo, que ya ha aportado a la escena española el acervo de los dramas estrenados desde *Historia de una escalera* hasta *Llegada de los dioses,* más el nunca estrenado, y a la sazón publicado sólo parcialmente, *El terror inmóvil,* y los que ahora se reeditan en este volumen: LA DOBLE HISTORIA DEL DOCTOR VALMY, aún no autorizado en España pero que ya ha subido a escenarios extranjeros en inglés y en castellano – e incluso ha sido publicado [1] –, y MITO, libreto de una ópera que sigue en busca, como seis conocidos personajes, de autor... musical. Recuerda Buero en su discurso que las tres aportaciones dadas por Valle a la teoría del esperpento se encuentran en *Luces de Bohemia, Los cuernos de don Friolera,* y sus declaraciones a Martínez Sierra [2], que

[1]   *Revista Artes Hispánicas,* I, núm. 2, 1967, Indiana University.
[2]   *ABC,* Madrid, 7 de diciembre de 1928.

él mismo había ya comentado en su ensayo *De rodillas, en pie, en el aire* [3]:

> Comenzaré por decirle que creo hay tres modos de ver el mundo, artística o estéticamente: de rodillas, en pie o levantado en el aire...

El primer modo — seguimos no textualmente a Buero— es el más antiguo, y da a los personajes una dimensión superior a la condición humana o, por lo menos, a la del narrador o el poeta; el segundo los contempla como si fueran ellos nosotros mismos, o pudieran serlo, con nuestras mismas virtudes o nuestros mismos defectos, y el tercero los ve

> de una manera muy española, manera de demiurgo, que no se cree en modo alguno hecho del mismo barro que sus muñecos...

Pero —Buero nos lo recuerda— Valle ha citado como ejemplo del segundo modo, «en pie», a Shakespeare, *todo Shakespeare*, y ha terminado diciendo que, así mirados, los personajes son *la máxima verdad*. Al descubrirnos la actitud de *García Lorca ante el esperpento* — título que puso a su exposición—, Buero Vallejo expresaba su propia postura. Considera al mismo tiempo que, pese a sus recomendaciones, que era el autor de la teoría el primero en no cumplir a rajatabla, la mirada «en pie» de Valle «sustituye de tanto en tanto a la displicente mirada "en el aire" y aproxima al autor, no menos que a los espectadores o lectores, al dolor y a la estatura, de nuevo humanos, de algunos personajes. Esta mirada súbitamente fraterna, que comporta respeto y piedad, contradice sus teorías, pero revela el talento supremo de don Ramón: es el contrapunto trágico que adensa sus grotescas sátiras» [4]. Es esa contradicción la que le ha permitido antes afirmar a

---

[3]   *Revista de Occidente,* núms. 44 y 45, noviembre-diciembre de 1966.
[4]   *Tres maestros ante el público,* Alianza Editorial, núm. 442, Madrid, 1973. (*García Lorca ante el esperpento,* discurso de ingreso en la Real Academia Española, 1972.)

Buero que «el esperpento de Valle-Inclán es bueno porque no es absoluto». La mirada de Buero Vallejo para sus criaturas, aunque también ocasión tendremos de sorprender algún momento en el que él o alguno de sus protagonistas se permite la displicencia de contemplar «desde el aire» a algún compañero que arrastra sus miserias por el tinglado de la antigua farsa, es una mirada «en pie», ya que sólo desde ese nivel puede contemplarse al ser humano como a un igual y sentirlo, por tanto, en posesión de la desesperanzada esperanza que para nuestro autor constituye el meollo de la tragedia. La mirada «en pie» es una de las características permanentes del teatro de Buero, pues aunque haya hecho alguna esporádica concesión a la fórmula del «distanciamiento» brechtiano, no parece proclive nuestro primer dramaturgo contemporáneo a renunciar a la catarsis a la que conduce la inmersión sentimental y solidaria de los espectadores en los laberintos de la tragedia que contempla en el escenario. Y esa solidaridad sentimental no puede conseguirse sólo desde la exposición didáctica de Brecht a no ser que vaya acompañada de un acercamiento cordial, ni con la caricatura esperpéntica de Valle, que se ennoblece al olvidarse de sí misma, como en *Luces de Bohemia* cuando «el anarquista preso, la madre que estrecha el cadáver de su hijito y el propio Max, en diversos momentos, subrayan con su dolor sin caricatura el disparate general que los rodea» [5].

Ha opinado Buero alguna vez que la mejor definición de lo trágico no está en Goethe (para quien «todo lo trágico descansa en una antítesis irreconciliable. En cuanto surge la solución o se hace posible, desaparece la tragedia») [6], ni en otros ilustres tratadistas, sino en el hombre que acertó a decir: «Por el dolor, a la alegría» (Durch Leiden Freude), y que es el enunciado por Beethoven «el sentido último de lo trágico. Tal es el sentido final de las *Euménides* de Esquilo. Toda tragedia postula unas euménides liberadoras aunque

---

[5]   *Tres maestros ante el público...*
[6]   J. W. Goethe, *Obras Completas,* Aguilar, 1957, Madrid. Traducción de Rafael Cansinos Asséns. (Palabras dirigidas al canciller Von Müller.)

termine como *Agamenón»* [7]. Y, también, que «el meollo de lo trágico es la esperanza» [8]. La corriente determinista, tradicionalmente identificada con la esencia de la tragedia, cuya fuerza ciega sumerge al ser humano en las aguas insondables de la necesidad, es negada por el pesimista (?) Buero Vallejo, para quien el ser humano, pese a las innumerables trabas que las circunstancias ponen en su camino, está, pese a todo, capacitado para torcer la voluntad de unos supuestos dioses que no tienen la última palabra. A la teoría según la cual el conflicto trágico, al no tener remedio, conlleva la ausencia de esperanza, opone Buero el ejemplo de las tragedias con desenlace conciliador de Sófocles y Eurípides, «que terminan, metafóricamente, en resurrección y no en muerte, (por lo que) perdida su implacabilidad, el destino experimenta en ellas una superación dialéctica, (de donde deduce que) los griegos, por consiguiente, anhelaban un futuro abierto y abrigaban la esperanza de liberaciones» [9]. El arquetipo del héroe trágico es Prometeo. Si (que lo diga mejor Rubén Darío en «Salutación del Optimista»)

> ... en la caja pandórica de que tantas desgracias surgieron,
> encontramos de súbito, talismánica, pura, riente,
> cual pudiera decirla en su verso Virgilio divino,
> la divina mensajera de luz, ¡la celeste Esperanza!,

misión (triptolémica, para seguir con Rubén) de Prometeo, el héroe rebelde que osó robarle el fuego a los dioses para dárselo a los hombres, será entregarles «el bien supremo (la esperanza) que les ayudará a luchar, no a resignarse» [10]. La esperanza, como irrenunciable talismán para enfrentarse a lo que no es un ciego destino sino el efecto que muy concretas causas oponen a la liberación del ser humano, es otra de las constantes que encontramos en el teatro de Buero Vallejo: esperanza... desesperanzada casi siempre (una excepción es

---

[7]   *Cuadernos de Ágora,* mayo-agosto de 1963.
[8]   *Tres maestros ante el público...*
[9]   *Ídem.*
[10] *Ídem.*

La señal que se espera, donde Buero es, quizá, demasiado generosamente misericordioso con su protagonista masculino, Enrique) para los personajes que el autor eleva hasta el primer plano de nuestra atención, pero no tanto para los que contemplamos con más lejanía, desde *Historia de una escalera*, donde, si al terminar el primer acto, el cántaro de leche, al derramarse, nos indica recordándonos la conocida fábula que no se cumplirán las felices expectativas de los jóvenes enamorados, la ausencia de idéntico simbolismo al terminar la obra, en una situación semejante, nos sugiere que sí podrán realizarse las ilusiones de sus hijos. No sólo alcanza el consuelo a los personajes secundarios; si repasamos el teatro de Buero, comprobaremos que hay a veces un final de contenido ambivalente en sus obras. Ignacio, en *En la ardiente oscuridad*, es asesinado por su antagonista, pero Carlos, el asesino, asume su rebeldía... nada permite suponer que Asaf, después de matar a Noemí, no haya aprendido la lección del Maestro en *Las palabras en la arena*... Riquet y Leticia, en *Casi un cuento de hadas,* pueden al final soñar con un ideal realizable en un mundo sin tristeza... como Amalia llorar serenamente, con la paz de quien se sabe dignificada por el amor, cuando termina *Madrugada*... la muerte es un camino de luz para la Cenicienta de *Irene o el tesoro*... Silverio, en *Hoy es fiesta*, pierde a Pilar, pero, al salvar a Daniela del suicidio, tal vez se haya redimido ante sus propios ojos de su culpa anterior, mientras los vecinos de un triste rincón urbano – que al fin y al cabo son el protagonista colectivo de la obra– alcanzan una inesperada grandeza solidaria, y con ella, muy probablemente, un grato sentimiento de autoestimación, al perdonar a la – ésa, sí– insalvable doña Balbina... Juanito, en *Las cartas boca abajo,* escapa del mundo de simulación que sus padres habían tejido en torno a él abocándole a un sórdido desarrollo moral. Tal vez, antes del giro que se produce en el trabajo de Buero con *Un soñador para un pueblo,* donde comienza a abordar el teatro histórico – lo que quizá equivalga a decir *donde intenta hacer más explícito el carácter plural de las situaciones que antes trató individualmente–,* sólo *La tejedora de sueños,* drama en el que la servidumbre al mito, aunque sea para no tenerlo en cuenta y elaborar otro de signo contrario, acentúa su determinismo, muestra al final el *lasciate ogni speranza* que Dante situó en el umbral del Infierno y solemos identificar – ya hemos visto que no siempre con acierto– con la esencia de lo trágico. De las obras estrenadas, no escritas, hasta ese momento. Porque *El terror inmóvil* es también, sin ningún agujero por donde veamos la luz, inmisericorde, como ya lo anuncia el título. No así *Aventura en lo gris,* con desenlace esperanzado, cuyo estreno se aplazó por problemas de censura. También en obras posteriores encontramos finales ambivalentes, aunque ninguno tan explícito como el de *La Fundación,* donde Buero propone, en realidad, dos finales posibles: en uno, Tomás y Lino, los dos supervivientes – hasta el momento– sobre los que todavía no ha caído la espada de Damocles que, como condenados a muerte, tienen sobre sus cabezas desde el principio de la obra, son trasladados, segundos antes de que caiga el telón, a la *capilla* de los que van a ser ejecutados; en el otro, a la celda de castigo desde donde podrán intentar una hipotética y penosa evasión.

LA LUCIDEZ MORAL DE TIRESIAS

Cuando en 1946 es puesto en libertad condicional, en el Penal de Ocaña, el recluso Antonio Buero Vallejo, cuya condena a muerte, impuesta en el treinta y nueve, le conmutaron en 1940, sabe que tiene que enfrentarse con la vida sin las armas que aprendió a manejar. Con otros instrumentos. Advierte que la falta de ejercicio ha restado agilidad a su mano de pintor, aunque todavía, y de momento, se empeñará en su antiguo arte para conseguir las imprescindibles pesetas. Desde el año anterior, aunque la idea *le barrenara* el cerebro desde mucho antes, piensa que tiene otras posibilidades de expresarse. Y ha aprendido muchas cosas: entre ellas, que el hombre puede ser un lobo para el hombre. Tal vez, además de haberlo observado él mismo, escuchó a su compañero de prisión en la de Conde de Toreno, en Madrid, Miguel Hernández, de quien tuvo y a quien concedió el privilegio de su amistad, dos versos desgarradores de la «Canción primera» de *El hombre acecha,* donde la palabra se convierte en rugido: «He regresado al tigre. / Aparta o te destrozo.» Ha aprendido también que el mundo en el que vive no es el mejor de los mundos posibles, ya que no tiene la visión panglossiana de Jorge Guillén, para quien el mundo es una admirable Creación. Hombre de un tiempo oscuro (el poeta Leopoldo de Luis se definiría paralelamente como *Hombre de un tiempo sombrío),* ha llegado a la conclusión de que el mundo, y la parcela de él en la que le ha tocado representar su humana tragedia, España, es mejorable; que no es sino un escenario de abyección donde la injusticia, la explotación, la crueldad y la humillación cotidianas no engendran más que miseria e ignorancia, madres a su vez de nuevas abyecciones. Años más tarde, cuando sea ya un dramaturgo consagrado, los críticos, al diseccionar su obra, dividirán a los personajes fundamentales que en ellas viven en activos y contemplativos. El autor complementará después [11] esta división con un juicio, muy matizado, que condena a ambos, porque los primeros olvidan la contemplación, pero los segundos merecen también su reproche porque no saben actuar... y permiten que actúen los más aprovechados mientras ellos sueñan, ideas que desarrolla en *El tragaluz* y *Aventura en lo gris.* Pero, de momento, nos encontramos ante un dramaturgo en ciernes que se dispone a escribir su primera obra, y que está decidido a actuar de la única forma que sabe y puede: intentando que los demás sean copartícipes de sus opiniones. «El arte, cierto, es un arma; acaso la más irresistible que el hombre ha forjado. Pero no un arma contundente, pues apenas posee esa fuerza que algunos le atribuyen, sino un arma penetrante» [12]. Y pone su arma al servicio de la regeneración social, esforzándose en abrir los ojos a los que no quieren ver. «El teatro es como unas gafas para cegatos que quisieran ver.

---

[11] *Primer Acto,* núm. 90, noviembre de 1967. «Una entrevista con Buero Vallejo por "El tragaluz"», por Ángel Fernández Santos.
[12] *Tres maestros ante el público...*

Pero no todos los cegatos quieren ver, no todos sufren el mismo grado de insuficiencia óptica y también hay, entre ellos, algunas personas con mayor agudeza visual que el autor de la obra. De ahí la dificultad de escribir teatro para un público y un momento» [13]. El simbolismo mediante el cual analiza la realidad que le entorna, cuyo *hic et nunc* es España en 1946, aunque la obra trascienda categóricamente la anécdota que unos actores desarrollan sobre el escenario, es el de un mundo de ciegos conformados con su limitación. *En la ardiente oscuridad,* escrita antes aunque estrenada después de *Historia de una escalera,* marca mucho mejor que ésta las características de las obras donde Buero Vallejo nos da su visión del mundo. Ignacio, el protagonista, es, al mismo tiempo, casi un anticipo de todos los protagonistas de Buero con una intención liberadora: es el hombre prometeico que quiere darles a los demás el fuego de la lucidez, el rebelde contra la mentira que le cerca. Todo escritor desarrolla su trabajo a partir de una serie de obsesiones, y el que estamos estudiando no es una excepción. Recordemos a otro por el que Buero Vallejo tiene una especial predilección: Dostoievski. En realidad, si escudriñamos con ojos críticos algunas de sus novelas capitales, podremos comprobar en ellas cómo los personajes se repiten: a Raskolnikov le posee tanto la fría capacidad para disponer de las vidas ajenas de quien se cree superior que domina, al menos teóricamente, a Ivan Karamazov, como la apasionada incapacidad para controlarse de Parfenio Rogozhin, el asesino de Nastasia Filipovna, el cual se proyecta igualmente en el temperamental Dmitri Fiodorovich; Piotr Verjovenski es, como Smerdiakov, el ejecutor material de un crimen que otro planea, llámese Stavroguin o Karamazov; el príncipe Mischkin es un boceto de Alioscha, como Versilov de Fiodor Pavlovich; Sonia sugiere a Gruschenka [14], etc. Podríamos continuar el juego con otros auto-

---

13   *Cuadernos de Ágora...*
14   Raskolnikov y Sonia son personajes de *Crimen y castigo;* Ivan Karamazov, Dmitri Fiodorovich (Karamazov), Smerdiakov, Alioscha (Karamazov), Fiodor Pavlovich (Karamazov) y Gruschenka, de *Los hermanos Karamazov;* Parfenio Rogozhin, Nastasia Filipovna y el príncipe Mischkin, de *El*

res. En Buero se ve igualmente clara la relación existente entre Ignacio *(En la ardiente oscuridad)*, David *(El concierto de San Ovidio)* y Mario *(El tragaluz)*. En realidad, Ignacio se proyecta en todos y cada uno de los personajes creados por Buero Vallejo para quienes el mundo, tal como es, resulta inadmisible y necesita una urgente modificación. Los revolucionarios en el sentido *policial* de la expresión, Pedro Briones *(Las Meninas)* y Gaspar *(Diálogo secreto)*, son también, aunque dibujados con trazos diferentes, muy parecidos. Cuando Buero escribe *En la ardiente oscuridad*, e introduce en un colectivo humano una tara física — la ceguera, en este caso— como símbolo de sus limitaciones, está dándonos una de las claves de su teatro. ¿Porque esa tara física es el origen de la insumisión... si intervienen otros factores? Parece como si el ser humano estadísticamente normal (y no hay otra posibilidad que la estadística para definir la normalidad) no pudiera alcanzar por sí mismo, sin el análisis introspectivo al que su peculiaridad le obliga, la energía necesaria para no seguir la corriente de los adocenados. La confortabilidad burguesa de los que dejan discurrir sus vidas por raíles mediocres no estimula la rebeldía. *Sólo Tiresias, porque es ciego, es capaz de ver en el futuro*. Mario, contemplativo hasta la total incapacidad de acción, es, a la larga, un ser tan mutilado como Ignacio o como David. Pero es un rebelde, aunque las muestras de su rebeldía no pasen del terreno intelectual.

Es en *El tragaluz* donde Buero nos da de una manera más explícita su visión del mundo en que vivimos. Y lo hace mediante un procedimiento de distanciación irónica, brechtiana, trasladándonos al futuro para, desde allí, juzgar un remoto pasado que no es sino nuestro presente: España en la segunda mitad del siglo xx. Los realizadores del «experimento» que nos muestran la trama cainita, desarrollada ante nosotros como si fuéramos espectadores de un siglo lejano y venidero, entablan al final un breve diálogo donde

---

idiota; Piotr Verjovenski y Stavroguin, de *Demonios*, y Versilov, de *El adolescente*.

se condensa mucho de lo que Buero ha querido decirnos a lo largo de su quehacer escénico:

> ELLA.– El mundo estaba lleno de injusticia, guerras y miedo. Los activos olvidaban la contemplación; quienes contemplaban no sabían actuar.
> ÉL.– Hoy ya no caemos en aquellos errores. Un ojo implacable nos mira, y es nuestro propio ojo. El presente nos vigila; el porvenir nos conocerá, como nosotros a quienes nos precedieron.

La primera aseveración de «Ella» nos sitúa en un paisaje moral que entronca literariamente con un momento de la novela de Ciro Alegría *El mundo es ancho y ajeno,* donde un personaje dice: «Creo que, hasta ahora, todas las culturas han fallado por su base. Sin duda, el hombre del porvenir dirá, refiriéndose a su antepasado de los siglos oscuros: "Hablaba de cultura, él mismo se creía culto y sin embargo vivía en medio de la injusticia"» [15]. Esta interesante y lúcida identificación de «cultura» con «justicia» está, implícitamente, debajo de la concepción ética de Buero, cuyo teatro nos propone *siempre,* aunque no siempre de modo directo, que unamos nuestro esfuerzo al de quienes se empeñan en establecer dichos valores, de lo que se derivará, *sensu contrario,* que quien perturbe el orden moral deberá afrontar el castigo al que se ha hecho acreedor [16]; pero de ello hablaremos más adelante, cuando nos refiramos concretamente a la primera de las obras que incluye este volumen: LA DOBLE HISTORIA DEL DOCTOR VALMY, en la que el protagonista deberá expiar, pagando un alto precio, una culpa gravísima. En *El tragaluz,* donde momentáneamente nos hemos detenido porque, tal vez, encierra más claves que la mayoría de sus obras para comprender el teatro de Buero, además de mostrarnos la visión del mundo ya apun-

---

15   Alianza Editorial, S. A., Madrid, 1983, pág. 483.
16   En *Llegada de los dioses* y *Música cercana,* el castigo se inflige a través de los hijos, que mueren como consecuencia de las actividades delictivas paternas. En *La doble historia del doctor Valmy,* Paulus utiliza al hijo (Daniel Barnes) de la Abuela como instrumento de su venganza.

tada y el juicio concreto que dos acabados ejemplos de hombres contemplativo y activo le merecen al ojo implacable que nos mira *ya, ahora mismo* (Mario y su hermano Vicente, en quien se proyecta Valindin, de *El concierto de San Ovidio,* obra anterior), está también presente la obsesión, de raíz unamuniana, que Buero ha mostrado con tanta frecuencia por desentrañar el misterio de la identidad:

> MARIO.— La pregunta tremenda.
> VICENTE.— ¿Tremenda?
> MARIO.— Naturalmente. Porque no basta con responder *Fulano de Tal,* ni con averiguar lo que hizo ni lo que pasó. Cuando supieras todo eso tendrías que seguir preguntando... Es una pregunta insondable.

Tal vez a esa pregunta sólo podría responder *el ojo insondable que nos mira y es nuestro propio ojo.* El problema de la identidad es un doble problema de *consciencia* y de conciencia. Recordemos una pregunta y una respuesta de otro autor que mira también «en pie» a sus personajes: William Shakespeare.

> LEAR.— ¿En qué te ocupas? ¿Qué deseas de Nos?
> KENT.— Me ocupo en no ser menos de lo que parezco... [17].

Esta diferenciación sugerida por Shakespeare entre los personajes que quieren «ser» y aquellos a los que sólo les preocupa «aparentar», define a los de Buero. Frente a Esquilache *(Un soñador para un pueblo),* Velázquez *(Las Meninas),* David *(El concierto de San Ovidio),* Silvano *(Aventura en lo gris),* Mario *(El tragaluz),* Goya *(El sueño de la razón),* Julio *(Llegada de los dioses),* y detengámonos de momento aquí, sitúa a Ensenada, José Nieto Velázquez o Angelo Nardi, Valindin, Alejandro/Goldmann, Calomarde, Felipe... que forman parte de la legión de trepadores para quienes lo único importante en la vida es, utilizando el símil del dramaturgo, tomar el tren

---

[17]   *El rey Lear,* acto I, escena 4.ª Traducción de Luis Astrana Marín. Aguilar, 1960. William Shakespeare, *Obras Completas,* pág. 1624.

a cualquier precio y caiga quien caiga. Pero Antonio Buero Vallejo, autor y hombre en posesión de una serena sabiduría, rehúye el recurso maniqueo de quien ignora la gama de colores situados entre el blanco y el negro y no sabe difuminarlos. Salvo excepciones – Calomarde, quizá Valindin–, introduce detalles correctores que humanizan a sus criaturas, mostrándolas como a nosotros mismos, a quienes a veces nos invita a subir al escenario para que también participemos en la función: de carne y sangre.

HACIA UNA MAYOR COMPLEJIDAD ESCÉNICA

«El método ibseniano de mostrar primero una escena doméstica ordinaria, en la que, por una infiltración gradual, el delito y la culpa penetran y preparan la erupción crítica, se sigue exactamente» [18]. Esta aserción no responde a ningún estudio crítico sobre el teatro de Buero Vallejo, ni se refiere a él, sino a Arthur Miller, con quien tantos puntos de contacto intelectuales y morales tiene Buero, y más concretamente a su drama *Todos eran mis hijos,* que, con *El precio,* marca la máxima aproximación entre el dramaturgo norteamericano y el español. Pero el análisis estructural iniciado por Raymond Williams en *El teatro de Ibsen a Brecht* para referirse a aquél, podría perfectamente servir para explicar cómo se plantea Buero Vallejo el desarrollo de muchas de sus obras. La investigación del pasado, que irrumpe en el presente y altera el equilibrio psíquico del personaje central por el recuerdo de una culpa que de momento ignoramos, constituye, desde *Edipo Rey* (obra cumbre, además de otras cosas, del teatro policiaco de todos los tiempos, y la trama más ingeniosa que a autor de intrigas se le haya jamás ocurrido, pues en ella un asesino organiza la investigación de su propio crimen sin saber que fue él quien lo cometió), un esquema habitual en muchas tragedias y es frecuente en las del autor al que nos estamos aproximando.

---

[18]   *El teatro de Ibsen a Brecht,* Raymond Williams, Ediciones Península, Barcelona, 1975. Traducción de José M. Álvarez, pág. 315.

Con toda su intensidad dramática o reduciendo la gravedad de lo que ocurrió al simple grado de hecho bochornoso, siempre abrumador para quien se plantea la vida con rigurosa autoexigencia ética, se da en *El terror inmóvil*, *La señal que se espera*, *Madrugada*, *Hoy es fiesta*, *El tragaluz*, *Llegada de los dioses*, *La Fundación*, *Jueces en la noche*, *Diálogo secreto*, *Lázaro en el laberinto*, *Música cercana* y, de forma determinante, en LA DOBLE HISTORIA DEL DOCTOR VALMY. No es breve el catálogo. Y en todas esas obras hay mucha proximidad al modelo ibseniano descrito por Raymond Williams. No en vano ha mostrado Buero tantas veces su admiración por Ibsen, de quien incluso adaptó *El pato silvestre*, elección que no deja de ser curiosa, pues la «exigencia del ideal» preconizada por Gregorio Werle no provoca más que catástrofes gratuitas, no necesariamente consecuentes, a diferencia de lo que ocurre en el teatro de Buero, donde no hay la menor posibilidad de ironizar sobre la necesidad moral de la asunción de la culpa.

Dos obras de Buero Vallejo, estrenadas respectivamente en 1958 y 1970, marcan sendos puntos de inflexión en su concepción escénica, en su dramaturgia. En *Un soñador para un pueblo*, además de ser la primera de las obras donde el autor se decide a hablar abiertamente de cómo debería ser, y cómo es, la España de nuestro tiempo apelando, para burlar la censura, al recurso de trasladarse a otra época y permitir que el espectador descubra el paralelismo con la realidad actual, lo que seguirá haciendo en su siguiente obra, *Las Meninas*, comienza Buero a jugar con el espacio escénico, que deja de ser el escenario de límites precisos donde se desarrolla una única acción, típico del teatro benaventino, esquema que se repite en las comedias de corte burgués estrenadas durante la inmediata y no tan inmediata posguerra española, y al que hasta el momento también Buero se había atenido, igual que había seguido fielmente la tradición clásica de la división en tres actos, sin que significara alteración sustancial la en dos de *Madrugada* y *Las cartas boca abajo*, que en realidad tienen cuatro cuadros. A partir de *Un soñador para un pueblo*, la acción se desarrollará en diferentes lugares, dentro de una estructura no exactamente realista. En *Las Meninas* hay un juego inicial con el tiempo: *Menipo,* que se dirige al público desde otra época, se integra en la acción del año 1656, al que nos traslada, con el nombre de Martín. *El concierto de San Ovidio,* pese a su capital importancia [19], poco de nuevo añade a la dramaturgia de Buero, aunque se pueda señalar un aporte distanciador, brechtiano, en la aparición de Valentín Haüy, sólo parcialmente, porque su primera presencia escénica se produce *dentro* y no *fuera* de la acción teatral [20]. La otra obra que supone una ruptura con los moldes anteriores es *El sueño de la razón,* donde, por cierto, Buero abandona de cuando en cuando la mirada «en pie» para dirigirla «levantado en el aire». Por primera vez, Buero Vallejo obliga a los espectadores a presenciar la obra no desde un punto de vista objetivo, sino desde el cerebro del protagonista: vemos y escuchamos las alucinaciones de Goya. También de cuando en cuando, el autor nos invita a asistir a la representación de un esperpento: Goya es el único hombre lúcido en un mundo alucinado por el terror fernandino. Pero Goya es sordo. Por lo que, cuando se dirigen a él los demás personajes, no hablan, sino que gesticulan para que los entienda el sordo. Y la única voz que se escucha es la de Goya. Ahí tenemos la realidad deformada por un espejo cóncavo. Ahí está Valle. Después, en *Llegada de los dioses,* donde irrumpe con fuerza una nueva obsesión que volverá a manifestarse en obras posteriores del autor (la obsesión por el deterioro de la Naturaleza y el pánico ante la posible catástrofe nuclear), volverá a obligarnos a ver o a sentir, o a no percibirlo, lo que el protagonista ve o no ve, siente o no siente: o la oscuridad del ciego, o la grotesca caricatura que nos propone la imaginativa mente irónica de quien piensa mal y acierta casi siempre, y, al mismo tiempo, toma de su ceguera la clarividencia que le permite intuir con terror el futuro. Este «efecto

---

[19]   Léase la excelente introducción a la obra, en esta misma colección, núm. A-82, del hispanista irlandés David Johnston, 1989.

[20]   Al estrenarse en el Teatro Goya de Madrid, en noviembre de 1962, el director José Osuna acentuó la nota brechtiana colocando un cartel con el título sobre el escenario.

de inmersión»[21] hará compartir desde entonces al público de la sala la creencia que tiene Tomás de hallarse en una Fundación para becados y no en la cárcel; el conocimiento lúcido de Larra, previo a su suicidio, de la verdad o la mentira de las personas a quienes conoció, en *La detonación*[22]; las pesadillas de Juan Luis Palacios, en *Jueces en la noche;* el amargo ensueño ilusionado de Rosa, en *Caimán;* el daltonismo de Fabio, en *Diálogo secreto;* las alucinaciones auditivas de Lázaro...

Quizá *La Fundación*, fábula en la que el «efecto de inmersión» se lleva a sus últimas consecuencias, hasta el punto de engañar totalmente al espectador al levantarse el telón, pues ningún dato posibilita la sospecha de que lo que vemos no sea la realidad, sino la idealización en la que Tomás se refugia, constituya un símbolo de todo el teatro de Buero. En el inicio de sus obras, que siguen con frecuencia, como ya se ha señalado, el método ibseniano, suele haber una aparente normalidad que en seguida nos deja entrever la existencia de un doloroso secreto. Y, de la misma manera que en la celda de condenados a muerte, donde la acción de *La Fundación* se desarrolla, van cayendo poco a poco los paneles que disimulaban su triste realidad, muchos de los personajes de Buero, cuando comenzamos a mirarlos desde más cerca en su interior, van perdiendo gradualmente la pulcra apariencia del doctor Jekyll para dejarnos ver los rasgos repelentes del asesino míster Hyde... o la sordidez abrumadora de Leonor o de Adela, de Dimas o de Valindin, del ex ministro camaleónico o el ejecutivo rampante[23].

---

[21]   La feliz expresión es de Ricardo Doménech, imprescindible para el estudio del autor.

[22]   En *La detonación*, Buero Vallejo utiliza las máscaras de la antigua tragedia griega, recurso frecuente en O'Neil, para indicar cómo Larra, desde el presente en que los evoca ante el trance de su suicidio «cual pasa del ahogado en la agonía / todo su ayer vertiginosamente» (Antonio Machado), piensa cómo vio a los personajes que conociera: con la máscara del engaño o el rostro desnudo de la verdad.

[23]   A Leonor y Adela nos las encontramos, respectivamente, en *Madrugada* y *Las cartas boca abajo*. Dimas es el avaro de *Irene o el tesoro*. El ex ministro camaleónico, Juan Luis Palacios, protagoniza *Jueces en la noche;* el

Retorno a Surelia:
«La doble historia del doctor Valmy»

La primera vez que Buero Vallejo escribió una obra con
contenido abiertamente político, que incluía el acabado retrato de un dictador no identificable, creyó oportuno viajar
imaginariamente a Surelia, un país lejano. Cuando se planteó
– por los años en que se estrenó *Aventura en lo gris,* que es el
drama, en dos actos y un sueño, al que nos referimos– abordar la denuncia de una lacra que le obsesionaba, y que sin
duda constituye una de las más irrefutables pruebas de que,
en el terreno de los valores morales, el ser llamado humano, a
veces con excesivo optimismo, no siempre puede presumir de
tal: la tortura, volvió a Surelia. Era una empresa peliaguda y
peligrosa, de la que sólo había, aunque más marginalmente
abordada, un precedente válido en nuestro teatro: *En la red,*
de Alfonso Sastre, que se centraba fundamentalmente en la
angustia de un grupo revolucionario en ¿Argelia? que espera
su inminente detención [24]. Dar forma dramática en los años
sesenta, en el interior de España, a un alegato que significaba
mentar la soga en la casa del ahorcado, revelaba estar en posesión de un indomable espíritu cívico, sobre todo si el que lo
hacía era un ex condenado a muerte, conocedor de las formas de la represión. Quienes, al terciar en la polémica, muy
interesante en su día, en torno al posibilismo teatral que man-
tuvieron Sastre y Buero, han reprochado al segundo no haber roto los mecanismos de la censura, quizá infravaloran
la lúcida astucia de quien, pese a todo y contra viento y marea, consiguió –y no fue su único logro espectacular en el
terreno de la expresión– que se montara en el primer teatro
de nuestro idioma, el Español de Madrid, un drama llamado

---

ejecutivo rampante, Javier, es un personaje secundario *y siniestro* de *Música
cercana.*
    [24]   Estrenada el 8 de marzo de 1961 por el Grupo de Teatro Realista,
en el Teatro Club Recoletos de Madrid, bajo la dirección escénica de Juan
Antonio Bardem. El siempre eficaz actor Agustín González interpretaba
con gran dramatismo a un activista revolucionario que había sido torturado
con anterioridad a su irrupción escénica.

Las Meninas, que, si en la esfera del arte escénico es muy probable que quede como una de las obras significativas de nuestro siglo, en el de las hazañas políticas debería ocupar también un lugar relevante, pues decir, a finales de 1960 y principios de 1961, lo que se atrevió a decir Buero, no *sotto voce,* sino con el altavoz espectacular de la declamación que se eleva sobre un auditorio que escucha con recogimiento, y puede al final del... mitin... aplaudir hasta la hinchazón de las manos, es, parafraseando un concepto de Rubén ya anteriormente citado, labor triptolémica [25]. Tanto Brecht como Cervantes han explicado a quienes quieran entenderlo cómo se puede, en tiempo de opresión (¿qué tiempo no, a lo largo de la Historia, si la analizamos con rigor?), decir la verdad. Bertolt Brecht, mediante un decálogo didáctico sobre el tema; Cervantes, escribiendo *El ingenioso hidalgo don Quijote de la Mancha.* ¿Se habría atrevido don Miguel – y cómo habría podido publicarlo– a escribir, por ejemplo, «Con la Iglesia hemos dado, Sancho amigo», cuando la Inquisición se mostraba tan proclive al ritual del fuego, si antes no se hubiera refugiado en un loco y, redoblando la cautela, en el escritor arábigo Cide Hamete Benengeli? ¿Y no consiguió, pese al alerta inquisitorial, darnos el mensaje humanístico más elevado de su tiempo? Cuando, en *Las Meninas,* Velázquez le dice a Felipe IV «Yo le ofrezco mi verdad estéril... ¡La verdad, señor, de mi profunda, de mi irremediable rebeldía!», ¿qué Declaración de Principios está haciendo Buero y a quién se la está endilgando? Cuando, ya desde el lienzo inmortal, recuerda a Pedro Briones, ¿a qué oscuro luchador abatido por un piquete de ejecución, torturado en cualquier comisaría o pudriéndose en un penal, está rindiendo homenaje? ¡El 9 de diciembre de 1960! Buero Vallejo siempre forzó el techo de lo posible... incluso cuando parecía imposible conseguirlo.

Pero no tiene más remedio que volver a Surelia, si quiere dramatizar, y estrenar, una reflexión contra la tortura, y quizá no le importe demasiado, ya que él es, ante todo, un drama-

---

[25]   Triptólemo, hijo de Demofón y de Perséfone, arrebató a su madre a los Infiernos y devolvió la primavera al mundo.

turgo; el arte busca romper las fronteras tanto de la temporalidad como del convencional nacionalismo geográfico, y el problema con el que pretende sobresaltar la conciencia del espectador es un problema universal. Ahora bien: que Buero Vallejo ha sido un dramaturgo interesado en hablar continuamente de aquí y de ahora, y en llevar a los escenarios los problemas candentes de la actualidad nacional, y que cuando escribió LA DOBLE HISTORIA DEL DOCTOR VALMY, si hubiera podido habría situado el horror de la tortura en el interior de la Dirección General de Seguridad, en la Puerta del Sol de Madrid, sin ir más lejos, se deduce del hecho de que, cuando pudo hacerlo, lo hizo. *Jueces en la noche,* que, en rigor y aunque en el escenario no aparezcan reyes de España ni pedagogos extranjeros o escritores nacionales famosos, debe ser considerada una obra más del ciclo histórico de Buero, no es LA DOBLE HISTORIA DEL DOCTOR VALMY escrita sin tener ya que pensar en la censura, pero sí hay situaciones y personajes en ese *misterio profano* que complementan las historias del doctor Valmy; que han vuelto, como los viejos exiliados, de Surelia a España, y se han trasladado del despacho del invisible jefe de Paulus, de quien nada sabemos excepto que pide eficacia, ¡pero sin enterarse, por Dios, de los métodos que sigan sus subordinados para conseguirla: él no es un torturador!, a los pulcros salones del ex ministro que, por cierto, estuvo a favor de que se ejecutara a un hombre cuyo parecido con cualquier personaje real es simple coincidencia. En *Jueces en la noche,* Aníbal Marty perdió su nombre de militante en la emigración que tenía en Surelia, para recuperar la identidad hispana de Fermín Soria. Y, al final, Mary Barnes, perdonada ya por Lucila, se incorporó *a la hermosura* [26] que le brindara el don Jorge vencido, cuando puso en sus manos la viola abandonada con la que podría participar en la interpretación del *Trío Serenata.*

La censura ejercida desde el Poder, como consecuencia de la permanente tensión que a lo largo de los tiempos se ha provocado entre los inconformistas con el Sistema y los có-

---

[26]   JULIA.– ... A mí me faltó el valor de incorporarme a esa hermosura.

modamente instalados en él, es uno de los factores que históricamente más han condicionado el hecho cultural. Todo creador, y mucho más acusadamente el escritor, pues su instrumento de trabajo, la palabra, es el de mayor capacidad revulsiva [27], ha debido tener siempre en cuenta, si quería publicar su obra o, en el caso del comediógrafo o el dramaturgo, estrenarla, las dificultades que, según el mayor o menor grado de libertad institucional que hubiera, se opondrían a su realización en cuanto ofendiera el olfato, siempre suspicaz y sensibilísimo, de los poderosos; dificultades que, muchas veces, han tronchado, en su raíz, la posibilidad expresiva, ya que la más despiadada censura es la que el propio autor establece en su propio cerebro. La metáfora ha sido, con frecuencia, el camino elegido para referirse a lo que, dicho más directamente, no habría sido permitido, y quién sabe hasta qué punto estuvo en el origen de la primera utilización analógica de la imagen poética esta necesidad de burlar la vigilancia del censor. Buero Vallejo, pese al cuidado que puso en la redacción de LA DOBLE HISTORIA DEL DOCTOR VALMY, que afectó incluso al título, pues tuvo que modificar el apellido del doctor al encontrar el suspicaz de turno que Barga tenía resonancia hispánica, y también al «truco» de la doble historia como después se verá, no consiguió, porque tampoco estaba dispuesto a desvirtuar el sentido de su mensaje, estrenarla en España hasta 1976, y con cierto riesgo porque, aunque ya se había realizado la sustitución en la Jefatura del Estado, todavía no se había iniciado lo que se ha dado en llamar «la transición». El éxito clamoroso que obtuvo en su estreno en el Teatro Benavente se debió, además de a sus indiscutibles aciertos dramáticos – que incluye entre otros uno de los más matizados estudios de un personaje femenino que nos ha ofrecido su autor–, a la adhesión del público, ávido de aclamar un espectáculo donde se le ponía delante, en carne viva, el análisis crítico de un hecho aterrador que se sabía no se practicaba precisa y exclusivamente en Surelia. Antes se había estrenado fuera de España, con lo que pasó a engrosar la larga lista de

---

[27] Antes de la aparición del cinematógrafo.

obras literarias exiliadas aunque sus autores no lo estuvieran. Tomamos ahora, textualmente, los datos que se aportan a continuación, del excelente prólogo de Francisco García Pavón a la edición anterior, de 1976, en Selecciones Austral, de las dos obras que aquí se reúnen:

> ... En 1967 se publicó en inglés y en español en la revista *Artes Hispánicas,* de Indiana University. En 1970, en Filadelfia, se edita para estudiantes de español, preparada por el profesor Alfonso M. Gil... Y antes, en 1968, para inaugurar The Gateway Theatre, del condado inglés de Chester, su director, Julián Olfield, eligió el texto de Buero Vallejo, traducido al inglés, entre sesenta propuestas. Permaneció en cartel las dos semanas y media programadas, con claro éxito de crítica y de público. En 1971, ya en español, se representó en el Wright Theatre del Middlebury College, de Vermont (EE.UU.), bajo la dirección de Alfonso M. Gil.

La aparición, previa a la exposición por el doctor Valmy – con el pretexto de dictárselo a su secretaria– del caso clínico que constituye la obra, de un matrimonio burgués que nos alerta sobre la falsedad de lo que nos van a contar, cumple una función diferente a la de los «investigadores» de *El tragaluz.* Si allí intentan hacer ver a los espectadores que los hombres del presente (pasado en la ficción: segunda mitad del siglo xx) están siendo juzgados ya por los del futuro, en LA DOBLE HISTORIA DEL DOCTOR VALMY caricaturizan la posible posición de quien finja creer que lo que se narra no va con ellos, porque son cosas, en todo caso exageradas, de otros tiempos y otros países. Ahora bien: cabe pensar que también haya pretendido filtrar Buero Vallejo, con gran habilidad, un dato preciso para que el espectador reconsidere su idea sobre el país real donde se oficia el ceremonial de la tortura, porque si el *Señor* dice que «Si sucedió algo parecido no fue entre nosotros. Esas cosas tal vez pasen, si pasan, en tierras aún semibárbaras», un momento después, añade: «... Porque la historia, probablemente falsa, nos llega además de otras tierras y no nos atañe» [28]. Pero, al final, el doctor Valmy nos aclara que

---

[28]   Al estrenarse, el párrafo «ya que la historia, probablemente falsa,

«... cuando coinciden en el portal con la abuela...», luego, ironías aparte, la historia no le llegó al matrimonio «de otras tierras», y de la constatación de esa falsedad puede derivarse la deducción de lo cierto.

LA DOBLE HISTORIA DEL DOCTOR VALMY, relato escénico según la definición de su autor, expone el caso de un policía torturador que, al castrar a un detenido, se autocastiga, a su pesar, cayendo en la impotencia sexual, y, al mismo tiempo, el proceso psicológico de su mujer, que pasa de la feliz ignorancia del verdadero trabajo de su marido y la cándida ingenuidad al lúcido horror que da el conocimiento de cómo es en realidad el mundo en que se vive, más la estremecida repulsa de su anterior satisfacción conyugal. Pero, tanto en el pasado como entre bastidores, ocurrieron gravísimos hechos que no se desarrollan en el drama, aunque se apuntan, y existe un invisible personaje que mueve los hilos de quien, a su vez, mueve los hilos que determinan las muecas del muñeco protagonista, ofreciéndonos un doble espectáculo de marionetas. El actual jefe de la Sección Política de la Seguridad Nacional, Paulus, amó en el pasado a la Abuela, madre después del policía Daniel Barnes, sin ser correspondido. Despechado, tramó una sórdida venganza: con el pretexto de proteger a quien pudo haber sido su hijo (o querría que lo hubiera sido), le hizo ingresar en la Policía, y, después de hacerle *madurar políticamente,* lo pasó a su terrible Sección, bajo sus órdenes directas, *especializándolo* en trabajos delicados. Pero Paulus, que mueve la marioneta llamada Daniel Barnes (que podría, de todas maneras, haber escapado a su destino si no hubiera sido un cobarde, según el diagnóstico del doctor Valmy), es a su vez la marioneta de alguien a quien no vemos: el que, desde un despacho superior, ordena sus acciones. Esta «tercera historia», sólo en parte explícita, nos obliga de nuevo a considerar la concepción de la tragedia de Buero:

---

nos llega además de otras tierras y no nos atañe» fue uno de los suprimidos para reducir la obra a la duración habitual.

La tragedia no es pesimista. La tragedia no surge cuando se cree en la fuerza infalible del destino, sino cuando, consciente o inconscientemente, se empieza a poner en cuestión el destino. La tragedia intenta explorar de qué modo las torpezas humanas *se disfrazan* de destino [29].

¿Pudo el policía torturador Daniel Barnes, criminalmente convertido en un robot por Paulus, eludir su destino? El doctor Valmy responde dubitativo que no lo consiguió «... por carecer de valor. Pero no puedo evitar la sospecha de que, en su situación, muy pocos hombres lo habrían tenido». Pero ¿realmente no elude su destino el policía Daniel Barnes? A la larga, lo elude: su destino no era recibir con gratitud el disparo de su mujer, *sino seguir siendo un torturador.* Con el planteamiento del relato, la muerte de Daniel Barnes cuando intenta cambiar los raíles de su biografía no es un final trágico. Tampoco para Mary Barnes, la esposa parricida, después de haber descendido a los infiernos, es abrumadoramente negro el desenlace cuando, ya en la comisaría, comprendemos que ha obtenido el perdón de Lucila [30], la mujer del enemigo político a quien su marido mutiló, y que, tal vez, se incorpore con ella en el futuro *a la hermosura* que anteriormente hemos vislumbrado. Queda, en cambio, la gran pregunta, amenazadoramente colgada sobre la cuna de Danielito, ya que las palabras de la Abuela para dormirlo son idénticas a las que, en su día, mecieron el sueño de su padre, y esta vez no existe, como en *Historia de una escalera*, ninguna cántara de leche que diferencie el final de los actos primero y último. No podemos saber cuál será el destino del niño.

Es difícil imaginar una concepción menos maniquea de los personajes, y una matización de sus caracteres más en función del lógico desarrollo de la tragedia en que se ven envueltos, alejados por tanto de la caprichosa voluntad del autor, que la del matrimonio Barnes en LA DOBLE HISTORIA DEL DOCTOR

---

[29]   *Cuadernos de Ágora...*
[30]   Personaje que interpretaba, en su primera aparición escénica memorable, la insigne actriz Ana Marzoa.

VALMY. Ya nos habíamos referido antes a Mary Barnes como uno de los retratos femeninos mejor perfilados por Buero. No es alguien de quien se vea venir cómo reaccionará ante la tremenda prueba a que se ve sometida. Inicialmente, la conocemos muy enamorada de su marido, que fue quien la salvó de su anterior neurosis, y no el doctor Valmy, al darle la posibilidad de realizarse como mujer y como madre, y alejar el fantasma del novio al que mataron en la guerra, tal vez otro dato dejado caer marginalmente por el autor para ayudarnos en la localización real del escenario donde transcurre el drama [31]. Después, en la entrevista con Lucila, ni por un momento la vemos vacilar en su convicción de que le está contando una sarta de disparates, propios de una mujer desquiciada, cuando oye hablar por vez primera de los procedimientos que emplea la Policía para hacer confesar a los detenidos. Ese diálogo es modélico de contención dramática:

> MARY.— Creo que eres sincera, Lucila. Pero no creo que te des cuenta de lo que estás diciendo. *(Dulce.)* Porque, ¡vamos!, repara en que has venido a mi casa para decirme que mi marido tortura...
> LUCILA.— Yo no he dicho...
> MARY.— ¡Claro que lo has dicho! Te lo perdono porque no has dejado de ser una niña y porque estás pasando un mal momento... Acepta un consejo, hija mía: no creas esos infundios... Tu marido se pondría enfermo y por eso lo hospitalizarían.
> LUCILA.— *(En el colmo del asombro.)* ¿Es que no sabe lo que allí pasa?
> MARY.— ¿Otra vez?

Pero algo ha alterado su tranquilidad, como es lógico, la visita de su antigua alumna. Cuando pregunta con aparente

---

[31]   Aunque en *Aventura en lo gris,* donde creó Buero Vallejo el país lejano llamado Surelia, ya nos advirtió que éste acababa de ser derrotado. Por lo demás, lo difícil es encontrar un país donde no haya habido una guerra recordable por sus habitantes.

desinterés a Daniel si tienen que pegar a los detenidos, y Daniel escapa con una evasiva, ella parece aceptar su comentario sin darle más importancia al asunto. Y más tarde, cuando tiene ya la certeza de que se cometen barbaridades en la Jefatura, todavía piensa, mientras puede, que su marido es un simple espectador a regañadientes del horror que los otros practican. Sólo ante la torpe (así calificada por el doctor Valmy, que en ese momento no habría aplaudido al Gregorio Werle ibseniano) confesión de Daniel, comienza a reaccionar, aún lentamente hasta que estalla recordando el catálogo de atrocidades descritas en la *Breve historia de la Tortura* que acaba de leer; estallido tras el cual, más serena, está todavía dispuesta a hacer concesiones, que terminan cuando la presencia de su hijo, y la evocación de las torturas que también a los niños alcanzó, le provoca una nueva crisis. Matizadísimo personaje, revelador de la excepcional capacidad de Buero para crear seres humanos perfectamente verosímiles, capaces por tanto de hacernos partícipes de sus vivencias, y de provocarnos la solidaridad emocional que, para que obremos en consecuencia, busca siempre en sus dramas, ya que piensa que el arte más indicado para una cultura que se halla al borde de la extinción es «el que describe, el que muestra el dolor, desde luego» [32].

Daniel Barnes es lo que podríamos llamar un *criminal inconsciente*. Habitualmente, practica la tortura, pero nunca se ha planteado —como consecuencia de la planificación que de su vida hizo Paulus— que ése sea un hecho reprobable. Por el contrario, está convencido de que su «trabajo» contribuye al bienestar social y al engrandecimiento de su país. En los días en que tienen lugar los sucesos que se nos exponen en LA DOBLE HISTORIA DEL DOCTOR VALMY, Surelia acaba de poner en órbita su primera estación espacial:

> DANIEL.— ... Habrás leído la gran noticia, ¿eh?
> MARY.— *(Se acerca.)* Es formidable.

---

[32]   David Johnston, «Entrevista a Buero Vallejo», en *Ínsula*, número 516, diciembre de 1989.

DANIEL.—Estas cosas levantan el ánimo. Nuestra labor
también contribuye a estos triunfos.

Y aunque ya ha perdido su potencia sexual, ni por asomo
establece relación alguna entre la enfermedad que padece y la
causa que la motivó: la castración, perpetrada por él, de un
detenido político: Aníbal Marty. Tampoco la consulta al doctor Valmy modifica su autoestima ni la admiración que siente
por Paulus. Necesita un estímulo más fuerte para comenzar a
reconsiderar cuál es su verdadero papel en la sociedad, y lo
encuentra en el rechazo que advierte en su mujer. Conside-
rando sus posibilidades iniciales intrínsecas, el material con
el que está forjado, Barnes podría haber sido una buena persona de no ser una marioneta en manos de Paulus, y el instrumento de su venganza. Es un hombre sensible, afable, con in-
quietudes intelectuales (quería escribir de joven, e incluso
colabora en la revista interna de la Policía), y el hecho de que
se haya autocastigado «porque algo en su interior le dice que
lo que ha hecho no se puede hacer», en opinión del doctor
Valmy, anulando su propia virilidad por no poder devolverle
la suya a su víctima, «habla en su favor», como reconoce el
médico. Su drama conyugal, y no el diagnóstico del doctor, es
el que le pone en la pista de su verdadera identidad, y con
ella de la de Paulus. A partir de ese momento buscará, aunque sin atreverse hasta el final a dar los pasos definitivos,
cómo liberarse, lo que sólo consigue al precio de su vida.
    Que ninguna posible o teórica causa coyuntural justifica
en momento alguno la tortura —contra lo que Paulus y el
equipo a sus órdenes, del que forma parte Daniel Barnes, dicen pensar—, es algo de lo que no puede haber la menor
duda para Buero Vallejo ni, dicho sea de paso, para quien no
sea un retrasado moral. «Lo que aquí sucede —dice Daniel a
Paulus— no sólo destroza a quienes lo padecen; destroza a
quienes lo hacen.» Pero aunque sería innecesaria condena explícita de ningún tipo ante el católogo de horrores que Mary
recuerda en la escena culminante de la obra, tiene el dramaturgo buen cuidado de aclarar que tal monstruosidad no
puede justificarse en ninguna situación:

DANIEL.– *(Ríe, nervioso.)* ¿Me va a decir que no estaría dispuesto a disculpar ciertos actos si hubiera otra política en el Poder?

DOCTOR.– Eso a usted no le importa. Pero si quiere saberlo, le diré que no; que en ningún caso.

Para Valmy, como para Buero, el torturador es un enfermo [33]. En realidad, como Velázquez se autorretrató en *Las Meninas*, podríamos aventurar que Buero Vallejo se ha incluido también en el lienzo de LA DOBLE HISTORIA DEL DOCTOR VALMY con los rasgos de éste: riguroso en la exigencia de la responsabilidad ante el dolor causado, pero con una mirada compasiva cuando comprende, desde su superior categoría intelectual y moral, las dificultades que tuvieron sus pacientes, o sus criaturas, para sobreponerse a unas circunstancias sobrecogedoras, aunque, eso sí, sin caer en la trampa de identificar la torpeza con el destino. Ni la torpeza ni, por supuesto, el crimen.

Otros dos personajes interesantes, excluido el coro, apenas diferenciado, de esbirros –prototipos de los que se individualiza levemente a Marsan, aunque quizá sólo para acentuar en uno características generales del grupo y, al mismo tiempo, para insinuarnos que, al final, Mary puede recorrer el mismo calvario que Lucila, sexualmente vejada–, son la Abuela y Lucila Marty. La Abuela, además de cumplir un importante cometido, consistente en darnos el dato que nos permite rastrear en lo que hemos llamado «la tercera historia», los antecedentes de «la segunda», señala la que habría sido otra posible elección de Mary ante el descubrimiento de la verdad, tan frecuente y tan denunciada por Buero: refugiarse en un no querer enterarse semejante a su «sordera». Frente a ella, Lucila Marty, a la que el autor perfila con rasgos emocionados [34], juega el papel dialéctico contrario: obligarle a enterarse de lo que pasa. Repartida entre diferen-

---

[33] Y como tales retrata a Marsan, Luigi, Pozner..., cada uno en lucha contra sus propios fantasmas.

[34] También Lucila se proyecta en *Jueces en la noche:* es Cristina, la médica que abre los ojos de Julia sobre la realidad del comportamiento en el pasado de Fermín Soria, y que también ha sufrido las consecuencias de la violencia física.

tes personajes —Valmy, Lucila, después Mary—, es la Voz de la Conciencia, con mayúscula, la que protagoniza toda la acción del drama, donde, una vez más, queda clara la idea matriz del teatro de Buero Vallejo: toda violación del orden natural comporta inevitablemente un castigo; quien obró mal tiene que asumir las consecuencias de su acción.

«Todo teatro humano es inevitablemente político, pero no todo el teatro político es necesariamente humano», ha declarado Peter Brook [35]. No hay duda de que Buero Vallejo, cuando ha querido hacer teatro político, ha preferido acentuar los rasgos que humanizan a sus personajes, poner sobre la escena conflictos acercados hasta nosotros por el dolor de seres de carne y sangre —no fríos portadores de esquemas ideológicos— que conmuevan nuestra sensibilidad y nos inciten a la solidaridad. Sería descutible sin embargo, y probablemente erróneo, calificar La doble historia del doctor Valmy, más allá de la afirmación de Brook, de teatro político, ya que, para serlo, Buero habría tenido que tomar partido por alguno de los dos contendientes en liza. No lo hace, porque no es eso lo que en este caso le preocupa [36], sino denunciar la tortura como aberración y a quienes la practican como miserables. Ya hemos visto la respuesta de Valmy a Barnes cuando duda de su imparcialidad, que no debemos confundir con falta de beligerancia o neutralidad, ya que la conducta imparcial supone simplemente no partir de un prejuicio, y la neutral consiste en cruzarse de brazos ante cualquier conflicto. Ni Valmy ni Buero son neutrales. Pero ante el tema concreto de que se habla —la tortura— sí son imparciales: su repulsa no obedece a un prejuicio, sino a un análisis moral.

Doctor.—Premeditadamente me abstengo de comentar qué lucha política, qué actos de sedición fueron aquéllos. El

---

[35] Juanjo Guerenabarrena, «Brook, un alegato antirracista», en *El Público,* núm. 77, abril de 1990.

[36] Lo que le preocupa, concretamente, reflejar en este drama tal como, aceptando tal vez las sugerencias de su propio cerebro censor, lo dio a la imprenta en 1967, y lo estrenó, primero en Chester, en 1968, y más tarde, en enero de 1976, en Madrid.

lector que lo ignore queda en libertad de imaginar que la razón estaba de parte de los sediciosos, y también de suponer lo contrario. Sé que, para muchos, semejante proceder escamotea la comprensión del problema, según ellos sólo alcanzable mediante el estudio de tales aspectos. Yo opino lo contrario; sólo callándolos se nos revelarán en toda su desnudez las preguntas que esta historia nos propone y ante la que cada cual debe meditar si es o no lo bastante honrado para no eludir las respuestas [37].

Antes de despedirnos del doctor Valmy y de sus pacientes, sólo un muy breve comentario sobre el planteamiento de este relato escénico. Que es muy hábil. Buero Vallejo, que – como dijimos– rompió el esquema típico del teatro burgués al que él mismo se había atenido hasta entonces cuando redactó sus dos primeros dramas históricos, en los que comenzó a jugar con el espacio y con el tiempo, organiza una estructura en la que los personajes pueden pasar fácilmente de un escenario a otro, ya que pasan igualmente con suma facilidad de una acción a otra, lo que resulta necesario para conseguir la imprescindible continuidad tanto en los momentos en los que el Doctor se dirige al público como en aquéllos, inmersos en la acción (como, por ejemplo, el relato a Valmy por Daniel del episodio espeluznante), que requieren una dinámica casi cinematográfica. Así logra una narración, en la línea de *La muerte de un viajante*, de Arthur Miller, obra fundamental del *teatro dinámico*, especialmente fluida, que se remansa, con gran sabiduría, en los momentos en los que la mayor carga dramática del diálogo y el necesario paréntesis reflexivo lo exigen. Todavía no se había decidido el autor, cuando escribió LA DOBLE HISTORIA DEL DOCTOR VALMY, a obligar al espec-

---

[37] Prescindiendo de lo que pueda haber de irónica alusión a la polémica, anteriormente mantenida con Alfonso Sastre, sobre el posibilismo teatral, es una aclaración absolutamente coherente, insistimos, en una obra que escribió Buero en 1964, condicionado por la censura de la época, y, en todo caso, totalmente válida. Lo que no excluye la posibilidad de que, redactada cuando, como al concebir *Jueces en la noche,* nada coartaba su expresión, habría matizado sus palabras un Doctor que ni nos hablaría, quizá, desde Surelia, ni se llamaría, como sabemos, Valmy.

tador a que contemple o escuche la acción desde el cerebro
del protagonista, con sus ojos y oídos, lo que haría con continuidad desde la posterior *El sueño de la razón,* como ya se ha
señalado. Pero sí hay una anticipación de esa técnica cuando
se escenifica la pesadilla de Mary Barnes [38], excursión no
gratuita al mundo onírico, pues es el recuerdo apenas perci-
bido de aquel sueño, del que intuye que tal vez fuera premo-
nitorio, lo que determina su decisión final de proteger a su
hijo del peligro cuyo acecho teme, y que cree conjurar dispa-
rando contra su marido y, en definitiva, pasando de la condición de espectadora del drama a la de quien se decide a intervenir directamente de una manera activa.

UN CANTO A LA UTOPÍA:
«MITO», LIBRO PARA UNA ÓPERA

En muchos de sus dramas, Buero Vallejo ha intercalado
frecuentes referencias musicales. El dramaturgo que antes fue
pintor tiene también considerables conocimientos de música
y un oído sensible. En diversas ocasiones, algún tema musical
de gran belleza le ha servido para darnos datos complemen-
tarios de ciertos personajes. Además del protagonismo que
alcanza la música en el título de su última obra estrenada
hasta el momento – *Música cercana*–, se ha servido con intención dramática de algunos fragmentos de determinadas
piezas como, por ejemplo, el adagio del *Concierto de Navi-
dad* de Corelli en *El concierto de San Ovidio*, el intermedio
de *Rosamunda* en *Caimán*, el Coro de Hilanderas de *El
Holandés errante* en *Diálogo secreto* y, sobre todo, el *Trío
Serenata* de Beethoven en *Jueces en la noche,* donde el so-
nido de la viola acompañando al violín y al violonchelo, pese a
que la veamos abandonada en una silla que nadie ocupa, algo
quiere decirnos que sólo al final comprenderemos, cuando se

---

[38] En *Aventura en lo gris,* escrita mucho antes, hay un sueño colectivo.
No cabe duda de que el clima político-moral de Surelia estimula los sueños
morbosos.

complete el trío de víctimas del indeseable Juan Luis Palacios. Recordemos también que la letra de la canción *La pas-
tora Corina* compuesta para *El concierto*... por Rodríguez
Albert, que interpretan los burlados músicos ciegos en la ba-
rraca de Valindin el día de San Ovidio, es de Buero Vallejo,
que suele indicar en sus obras qué música debe acompañarlas
en algún momento de la representación, aunque haya habido
alguna vez variaciones en el estreno [39]. Teniendo todo ello en
cuenta, no debe extrañar que, en 1967, a petición de un músico cuyo nombre recata el autor, y que después no compuso
la partitura, se decidiera a escribir un libreto.

Mɪᴛᴏ es, por tanto, una experiencia marginal dentro del
quehacer de Buero. Un *libro para una ópera* tiene características distintas de una obra escrita para ser representada por
actores y actrices que no cantan, sino que hablan. La mayor
importancia que se concede a la música, y la búsqueda de la
belleza, limita las posibilidades de la matización psicológica
en un espectáculo que tiende a la grandilocuencia, aunque no
las arruine totalmente, como bien demostraron primero Mozart y después, tardíamente, Verdi y, no tan tarde, Wagner,
por no citar más que a maestros indiscutibles del género, que
no se limitaron a crear bellas melodías sino que pretendieron,
y consiguieron, acentuar *dramáticamente* con su música caracteres y situaciones. Y, aunque escribieran muy eficaces libretos, cribando también las posibles citas, por ejemplo Lorenzo
da Ponte, Arrigo Boito y Bertolt Brecht para, respectivamente, Mozart, Verdi y Kurt Weill, es difícil concebir – quizá
con la excepción de los de Brecht– que pudieran ser repre-
sentados como comedias o dramas sin su necesario acompañamiento musical, incluyendo en la dificultad las obras de
Wagner, concebidas como espectáculos totales donde se dieran cita y culminaran todos los elementos que hasta el mo-

---

[39]   Cuando se estrenó en el Teatro Benavente de Madrid *La doble
historia del doctor Valmy*, la música que a veces escuchábamos, de Juan
Sebastián Bach, no era la indicada por Buero, según el cual, un trepi-
dante *twist* inicial debía dar paso, sin interrupción, y sucesivamente, al
Nocturno en Mi bemol mayor de Chopin y la *Canción de cuna* de
Brahms.

mento habían enriquecido la historia del teatro y de la música. Es por ello sorprendente, al abordar la lectura de Mito, encontrarse con un texto que podría ser perfectamente representado tal como está, aunque echaríamos de menos en tal caso, si no una partitura operística completa, que convirtiera en arias o romanzas los monólogos y en dúos los diálogos, sí en cambio esa *música incidental*, cuyas características dramáticas Buero indica, que Beethoven supo añadir a *Egmont*, de Goethe, y Mendelsshon a *El sueño de una noche de verano*. Pero, claro, lo ideal sería que un músico cuyo talento igualara al del dramaturgo convirtiera el libro en ópera. Quede lo dicho como expresión de que la entidad dramática del aporte literario, rico en símbolos cervantinos, es de tal enjundia que ni las situaciones ni los personajes necesitan la cobertura musical que disimule las torpezas tan frecuentes en la mayoría de los libretos que conocemos.

Mito está escrito en verso blanco, endecasílabo u octosílabo – excepto el «número cómico», para el que el autor prefirió el hexasílabo–. El uso del endecasílabo y el octosílabo, alterno, no señala, como muchas veces en el teatro clásico, la diferencia entre los diálogos de los personajes de mayor alcurnia, o los momentos más importantes, y el lenguaje de los criados o las escenas menores. En el inicio, cuando se representa el final de la ópera – teatro dentro del teatro que nos recuerda *Un drama nuevo*, de Tamayo y Baus, con el que algo se relaciona Mito, aunque de forma marginal, por hablarnos también de rivalidad y venganza entre actores–, para señalar la diferencia entre la acción representada y cantada – la ópera– y el resto de la obra, recurre Buero a la rima consonante, a la que sólo vuelve en la escena deliberadamente engolada y grandilocuente del diálogo/dúo entre el barítono Rodolfo Kozas (el villano del drama) y la soprano Teresina.

Tal vez sea Mito, entre todas las de Buero Vallejo, la obra que encierra un mayor contenido ideológico. Si a lo largo de su producción teatral, y todavía después de escribir Mito, había creado una serie de protagonistas con rasgos quijotescos – Ignacio, Esquilache, Velázquez, David, Mario... Julio más

tarde–, Eloy no es un «quijote», sino el mismísimo Alonso Qui-
jano: un don Quijote que, en vez de haber consumido su vida leyendo libros de caballerías, ha devorado novelas de ciencia-fic-
ción [40]. Pero, a diferencia del hidalgo manchego, no busca
redimir doncellas para convertirse en la admiración de los siglos, sino, más modestamente, contribuir a la consecución de un
mundo mejor. Para ello espera la llegada de los «visitantes» marcianos, que purificarán de toda su mísera injusticia el planeta
Tierra. Cuando cree que los «marcianos» han sido vencidos,
mira más allá: «Yo canto a una galaxia muy lejana / llena de paz,
honor e inteligencia», símbolos los tres nobles conceptos del
mundo futuro con el que sueña. Este viaje a la utopía, horizonte
de toda la lucha revolucionaria emprendida por el ser humano
desde que se encontró en el alborear de la Historia sumido en la
esclavitud, tiene su trágico y real contraste en la expresión de
una realidad presente que el autor nos hace ver en toda su cru-
deza, utilizando recursos cinematográficos:

> *(Sobre la negrura del fondo estallan ahora las imágenes de hon-*
> *gos atómicos, a las que sustituyen poco a poco numerosas visio-*
> *nes de exterminio: montones de cadáveres en campos de concen-*
> *tración, montones de gafas, de brochas de afeitar, de zapatos;*
> *reses muertas, pájaros muertos, insectos muertos, somera cirugía*
> *de la guerra en caras cosidas donde faltan ojos, narices, orejas;*
> *gentes vendadas de arriba abajo...)*

Tan idílica visión se complementa con el adecuado cuadro
moral:

> ¡Curioso animal-dios, listo y seguro!
> Prepara guerra y cree que tendrá paz.
> A la mentira llama cortesía.
> Besuquea, fornica y cree que ama.
> Si está aterrado, bebe y se divierte.
> Procrea sin freno por matar su angustia
> y aumenta así la angustia de la Tierra.

---

[40]   Buero Vallejo considera a H. G. Wells «uno de los grandes escritores ingleses». David Johnston, «Entrevista a Buero Vallejo», en *Ínsula*,
núm. 516, diciembre de 1989.

Quema o prohíbe libros, y supone
que a la verdad y al bien está sirviendo.
Y para suprimir al disidente
lo llama previamente can rabioso.

En *Llegada de los dioses,* estrenada en septiembre de
1971, Eloy volverá a expresarse, esta vez en prosa, con la voz
de Julio:

... O aplicar vuestro asombroso lenguaje. La caricia obscena
es un beso amistoso; la traición al amigo, piedad por una
mujer insatisfecha... ¡Todo, antes de que vuestro bello pan-
tano se remueva!

Y a la preocupación de Julio por el deterioro del medio
ambiente y la posible catástrofe nuclear, le responde, desde
MITO, el eco de la voz de Eloy:

... Sus papás son tan listos como el listo
que se ha orinado en un tonel de vino
mientras cierra los ojos, porque piensa
que nadie notará la picardía.
Su papás sin cesar estallan bombas
que orinan en el aire radiaciones,
pero nadie las ve, nadie las nota.
Quizá mi niño aspire todavía
casi-vino en lugar de casi-orines.
O mi mujer, que va a parir mañana
un lindo nene sin deformidades.
Los deformes a causa del uranio
siempre serán los hijos de otros padres...

Es la voz de Antonio Buero Vallejo, quien afirma que
«para evitar que lo peor suceda / hay que gritar que puede
sucedernos».
La acción de MITO es doble, y tiene lugar, al mismo
tiempo, ante nosotros y lejos de nuestra percepción visual,
aunque no auditiva, porque de cuando en cuando nos llega el
fragor de los brutales acontecimientos que están ocurriendo

fuera del teatro, en la calle. En el interior, y a la vista del público, Eloy espera a los «visitantes», mientras los demás, con el empresario Arcadio Palma a la cabeza del grupo, celebran las condecoraciones que el presidente ha concedido al mismo y al barítono Roberto Kozas, después de una representación de la ópera basada en *El ingenioso hidalgo don Quijote de la Mancha,* cuyo final acabamos de presenciar. Roberto Kozas es un barítono peor dotado que Eloy, ya que no puede dar el La natural al que éste llega sin esfuerzo, y se ve obligado a hacer transportar tesituras en sus arias, pero está en excelentes relaciones con el Poder, al que adula sin rubor. Eloy ama a Marta, cuyo nombre cree derivado del planeta del que supone procede su idealizada Dulcinea [41], y está convencido de que el supuesto yelmo de Mambrino que se utiliza en las representaciones operísticas es un receptor de ondas enviadas por los marcianos para transmitir señales, que, en efecto, llega a escuchar en compañía de Simón (Sancho Panza) en un momento de alucinación de los dos. Después de recibir, soñando, la visita de los marcianos, que los espectadores, que hemos compartido – por el llamado «efecto de inmersión»– la experiencia, identificaremos luego, de una manera vaga, con los tramoyistas (es decir: con el pueblo trabajador), irrumpe en escena Ismael (Pedro Briones escapado de *Las Meninas),* dirigente sindical perseguido por la Policía. Mientras, Roberto Kozas, que – como consecuencia de su brutalidad con Sancho– ha recibido una dura lección de Eloy, prepara su venganza, consistente en *matar su alma,* haciéndole creer que los marcianos han sido aniquilados por los jupiterinos, belicistas identificables tal vez con los nazis, mediante una serie de trucos que nos hacen revivir el episodio quijotesco del galope a lomos de *Clavileño,* entre otras peripecias.

Lo que ocurre en el exterior, la otra acción, consiste en la real aniquilación del movimiento revolucionario por la policía política, aprovechando que los ciudadanos han sido con-

---

[41]   Recuérdese, en *El concierto de San Ovidio,* la visión de Melania de Salignac sublimada por David.

minados a permanecer en sus domicilios, mediante un toque
de queda ordenado con el pretexto de realizar ensayos de
defensa atómica, y que lleva a cabo después de haber incen-
diado el Palacio Viejo (alusión obvia al incendio del Reichs-
tag que los nazis achacaron a Dimitrov y les sirvió como
excusa para declarar fuera de la ley a los comunistas en
1933). La Policía busca a quien ha decidido convertir en
chivo expiatorio —Ismael— en el interior del teatro, momento en el que convergen las dos acciones, que culminan
con el fin de la locura de don Quijote, que ha intentado salvar a Ismael suplantándolo, y la detención del revolucionario, que se entrega para evitar la inmolación de su amigo,
aunque demasiado tarde. Pero Eloy, antes de morir, ha pro-
fetizado que los esfuerzos de ambos serán semilla que flore-
cerá en el futuro. Es entonces cuando cambia de signo, gi-
rando hacia el optimismo, el sentido de la obra, porque,
misteriosamente, la bacía, o el yelmo de Mambrino, o el receptor de las ondas marcianas, comienza a expandir, ante el
asombro de todos, las notas que antes escuchara Eloy.

Buero Vallejo ha incluido en su intento operístico que,
culminado con la composición musical idónea y una ade-
cuada dirección escénica conseguiría una excepcional espec-
tacularidad, una reflexión sobre temas que humana y políticamente le apasionan. Al margen de las incidencias
relacionables con el mito cervantino y con el otro mito de
los platillos volantes, nos llaman la atención dos personajes,
ajenos a ambos temas, cuyas actitudes y opiniones sirven
para contrastar las de Eloy: el Electricista, que no comparte
la miseria moral del conjunto que tampoco alcanza, por diferentes causas, a Marta y Simón, es el hombre mediocre,
acomodaticio, de postura ecléctica, que podríamos definir
como *proletario sin conciencia de clase,* al que intenta asimi-
lar el Empresario («Usted puede venirse con nosotros»), y
que tampoco forma parte del coro de los tramoyistas que
rendirán el último homenaje a Eloy porque son, en definitiva, sus aliados: una premonición de «los visitantes». Más
interés ofrece Ismael, y concretamente su discusión con
Eloy sobre si un dirigente debe entregarse o no, pese a su

mayor importancia organizativa, cuando acusan a otro de sus acciones:

> ELOY.   ... Si alguien padece injusticia
>   deber nuestro es ayudarlo.
> ISMAEL.   No siempre.
> ELOY.   ¿Cómo, no siempre?
>   Tú has entregado tu vida
>   a los que sufren y esperan.
>   Por eso te admiro y quiero.
>   Si de organizar la huelga
>   a un inocente acusasen
>   por no poder encontrarte,
>   yo sé que te entregarías.
> ISMAEL.   No siempre.
> ELOY.   ¿Cómo, no siempre?
> ISMAEL.   Va a suceder lo que dices
>   y yo no he de presentarme.

Discusión en la que Ismael demuestra tener una opinión dividida, como el honrado cajista de *La verbena de la Paloma,* pues si ésta – la cabeza– dice que sí, éste – el corazón– dice que no. En realidad, aunque había afirmado su derecho a salvarse aun pagando un precio tan terrible – tal vez la respuesta racional–, llegada la hora de la verdad no acepta el sacrificio del amigo – sin duda la respuesta cordial– e intenta impedir su muerte entregándose a la Policía.

Obra riquísima en sugerencias este MITO operístico que, aun reducido a su condición de *sinfonía incompleta* por falta del complemento musical en función del cual fue concebido, es un drama simbólico de gran importancia dentro del teatro de Buero Vallejo, y de todos ellos el que más explícitamente confirmaría su confianza en un futuro mejor – su optimismo esperanzado, en definitiva–, si el agravamiento de los problemas más acuciantes que afectan a la Humanidad no le hiciera dudar de la viabilidad de ese mismo futuro. No creemos inoportuno, para terminar este comentario, hacerlo recordando que, cuando en *Diálogo secreto,* fantasía estrenada en 1984, Fabio pregunta al viejo revolucionario si sigue teniendo la misma fe en el futuro, Gaspar, o Ismael, o Pedro Briones, le responde reflexionando:

> Tendría la misma... si no dudase... de que iba a haber futuro.

CARLOS ÁLVAREZ.

LA DOBLE HISTORIA
DEL DOCTOR VALMY

RELATO ESCÉNICO EN DOS PARTES

Esta obra se estrenó el 29 de enero de 1976
en el Teatro Benavente, de Madrid, con el siguiente

REPARTO
(Por orden de intervención)

SEÑOR DE ESMOQUIN	José Albiach
SEÑORA EN TRAJE DE NOCHE ...	Carmen Guarddón
SECRETARIA	María Abelenda
DOCTOR VALMY	Andrés Mejuto
MARY BARNES	Marisa de Leza
ABUELA	Carmen Carbonell
DANIEL BARNES	Julio Núñez
MARSAN	Guillermo Carmona
PAULUS	Carlos Oller
POZNER	José Álvarez
LUIGI	Primitivo Rojas
ANÍBAL MARTY	Santiago Herranz
LUCILA MARTY	Ana Marzoa
ENFERMERO *(no habla)*	X. X.

LA ACCIÓN EN SURELIA: un país lejano. En nuestra época.
Derecha e izquierda, las del espectador

Espacio escénico: VICENTE VELA
Dirección: ALBERTO GONZÁLEZ VERGEL

Fueron utilizados exclusivamente fragmentos musicales de
J. S. Bach, interpretados al órgano por ALFONSO CIFUENTES.

NOTA.— Los fragmentos encerrados entre corchetes fueron suprimidos en las representaciones para reducirlas a su duración
habitual.

EL DECORADO

Una estructura muy simple, sin techo y en dos planos, sobre un fondo neutro. El plano anterior es una plataforma rectangular, cercana a la embocadura, que abarca desde el lateral izquierdo hasta los dos tercios largos de la escena y corresponde a la casa de los Barnes. Sólo hay pared completa en el lateral izquierdo, con una puerta encortinada y sillas a sus dos lados. La pared del foro posee la misma altura sólo en un corto trecho; de izquerda a derecha vemos un radiador, con la reproducción de alguna pintura moderna colgada encima, y otra puerta encortinada. A continuación, lámpara de pie y un sofá adosado a la pared. Hacia la mitad del sofá ya no vemos pared; ésta se quiebra en línea oblicua cerca de la puerta hasta llegar al centro del mueble y corre tras él hacia la derecha dibujando una faja no mucho más alta de un metro que termina en el ángulo posterior derecho de la plataforma. A continuación del sofá y hasta dicho ángulo, una estantería baja con libros cubre exactamente la faja de pared y presenta en su centro la puerta de un armarito para licores. Ante el sofá, mesita baja de cristal, con un florero vacío. Cerca del ángulo anterior derecho de la plataforma, un sillón y mesita con teléfono a su izquierda. En el centro de la habitación una cuna niquelada con ruedecillas. Una de las sillas del lateral izquierdo está ahora a su izquierda.

El plano posterior corresponde a una oficina de la S. P. Se encuentra a la altura de la faja de pared que tapa la librería de los Barnes y a ella se adosa. Dibuja una grande y ancha «ele» cuyo primer segmento empieza donde termina la quebradura del foro en la casa de los Barnes y llega hasta el lateral derecho del escenario; el segundo segmento avanza desde allí hacia la embocadura y termina a la altura aproximada de la mitad del borde derecho de la primera plataforma. Una faja de muro, de la misma altura por consiguiente que la librería, lo limita frontalmente. Súbese a esta oficina por dos lugares: el primero corresponde a su lado izquierdo, donde no hay pared y en cuyo borde termina una escalera invisible, situada tras el foro de la habitación anterior. El segundo acceso es una escalerilla frontal situada entre el borde derecho de la primera plataforma y el saliente de la segunda. Arranca por lo tanto de la misma línea inferior del muro frontal a ésta y muere a la altura de la plataforma posterior junto a la librería. El triángulo formado por su lado izquierdo libre representa, en ángulo diedro con la librería, un trozo de pared de la casa de los Barnes; adosada a la derecha de la escalerilla se dibuja la escueta pared triangular que a su vez forma el corte del muro donde la escalerilla se inserta. La oficina es muy esquemática: el foro tiene una puerta cercana al lateral derecho y, lo mismo que el de la habitación de los Barnes, pero a la inversa, arranca oblicuamente desde el ángulo posterior izquierdo de la plataforma, describe una corta faja horizontal de pared y vuelve a subir para alcanzar completa altura desde la mitad de la habitación hasta su ángulo posterior derecho. La pared del lateral derecho es asimismo incompleta: cerca del ángulo antedicho se quiebra en una línea oblicua que desciende hasta el ángulo anterior derecho del suelo. Sesgada y en el centro de la «ele», una mesa de oficina con carpetas, papeles, teléfono de línea múltiple y su sillón tras ella. A su izquierda, una silla. Contra la faja de pared del foro, un desvencijado sofá. A la izquierda de éste, un perchero. En el ángulo de las dos paredes, mesita con máquina de escribir y su silla.

Trátase, pues, de dos habitaciones ensambladas y a distinta altura. Juntas en la escena, encuéntranse en la ficción muy distantes; y si el aspecto general de la primera es pulcro y grato, el de la segunda resulta frío e impersonal.

Por el primer término de ambos laterales del escenario, espacio libre para entradas y salidas.

En el primer término izquierdo del escenario y delante de la casa de los Barnes, el banco de piedra de un parque.

En el holgado espacio rectangular que las dos plataformas dejan libre en el primer término derecho del escenario, cómodo sillón de orejas con una silla a su izquierda: es el consultorio del doctor Valmy.

PARTE PRIMERA

(«Twist» trepidante en un piano. El telón no se alza. Por la izquierda aparece una Señora en traje de noche *y generosamente enjoyada. Casi inmediatamente, aparece por la derecha un* Señor de esmoquin. La señora *es rubia y aún joven.* El señor *es apuesto. Ambos sonríen. Con agradable y segura dicción hablan sobre la música, un tanto amortiguada.)*

Señor.– Queridos amigos...

Señora.– Conocemos la historia que les van a contar.

[Señor.– Antes nos la han contado a nosotros.

Señora].– Es falsa.

Señor.– [Falsa] o, por lo menos, muy exagerada.

[Señora.– Y no han sido ustedes congregados aquí para creerse nada, sino para pasar un rato agradable...

Señor.– Ya saben cuál es la manera: gozar de lo que se nos cuenta sin llegar a creerlo.] Queremos recordárselo, porque siempre puede haber algún ingenuo dispuesto a dar por ciertos los mayores desatinos.

Señora.– Ó personas que conserven una reprobable afición al melodrama.

(El telón se alza sobre el escenario en penumbra. En el sillón se orejas de la derecha, El doctor Valmy *descansa, ensimismado. En la silla con-*

tigua, su SECRETARIA, *con un cuaderno y un lápiz, lo mira y parece aguardar. En la cuna de la
casa de los Barnes duerme un niño de pocos meses.* LA ABUELA, *sentada a su lado, lo mira.)*

SEÑOR.— [Por si las hay entre ustedes,] les repetiremos algo
muy sabido: todo el que cuenta una historia la recarga.

SEÑORA.— Y la aproxima: siempre parece como si hubiese
sucedido a nuestro lado.

SEÑOR.— Eso también debemos dejarlo claro. Si sucedió
algo parecido no fue entre nosotros. Esas cosas tal vez pasen,
si pasan, en tierrras aún semibárbaras...

SEÑORA.— En algún país lejano.

SEÑOR.— Permanezcan, pues, tranquilos, [ya que la historia,
probablemente falsa, nos llega además de otras tierras y no
nos atañe.]

SEÑORA.— Y sobre todo, conserven la sonrisa. En el
mundo hubo y hay [todavía] muchas desgracias; pero, a costa
de ese precio, hemos aprendido a sonreír.

SEÑOR.— Y la sonrisa es el más bello hallazgo de la humanidad. ¡No la pierdan!

SEÑORA.— No la pierdan nunca. *(*EL SEÑOR *se fue acercando
a* LA SEÑORA *durante la escena.)*

SEÑOR.— Ahora, ya pueden escuchar. *(Se inclinan los dos
levemente.* EL SEÑOR *toma del brazo a* LA SEÑORA *y salen ambos por la izquierda. Del «twist», el piano pasa ininterrumpida-
mente al Nocturno en Mi bemol mayor, de Chopin. Crece la
luz sobre* EL DOCTOR *y* LA SECRETARIA. EL DOCTOR VALMY *viste
un traje sencillo y correcto, tiene unos cuarenta años y parece
fatigado.* LA SECRETARIA, *de aspecto agradable, no es mucho
más joven.)*

SECRETARIA.— ¿Quiere que lo dejemos, doctor?

DOCTOR.— [No. Es que] estaba recordando... ¿Quiere re-
petir?

SECRETARIA.— *(Descifra sus signos.)* «La primera historia ha
terminado.»

DOCTOR.— Gracias. *(Dicta.)* [La primera historia ha terminado.] Vamos, pues, con la segunda. Pero antes... *(Calla, pen-*

sativo. Se levanta.) Antes se me permitirá una reflexión. *(Da unos pasos. Se detiene.)* Cuando nos decidimos a publicar nuestras historias clínicas, [todos] los médicos preferiríamos contar, [al modo de un novelista mediocre], aquellos casos que terminaron felizmente. [Pero los que dejaron malparada nuestra eficiencia profesional, son, a veces, más ejemplares... *(Mira a* LA SECRETARIA.*)*

SECRETARIA.— Ejemplares.

DOCTOR.]— Igual que los enfermos, quisiéramos olvidar nuestros fallos. Pero [ellos, un día, acuden a nuestra consulta y nosotros, un día, publicamos un libro. No somos tan indiferentes al sufrimiento como se nos supone;] el recuerdo de los desdichados a quienes no hemos sabido ayudar [nos] persigue [durante la vida entera.] Incluso al médico que logra olvidar; [a ése lo persigue] de otra manera, pero también lo persigue.

SECRETARIA.— Lo persigue.

DOCTOR.— Estos libros son también nuestras confesiones. [Debo reconocer que...] en esta segunda historia... no creo haberme portado bien. [Ante el enfermo,] un médico debe guardarse sus antipatías y yo no supe disimular lo bastante. Si hice mal, el lector me juzgará. *(Calla.)*

SECRETARIA.— Juzgará.

DOCTOR.— En su mayor parte, los seres humanos son vulgares. [Esto nos permite apuntarnos modestos éxitos;] las situaciones que les llevan a enfermar suelen estar a la altura de ellos mismos. Pero ¿qué sucede cuando un ser vulgar se enfrenta con una situación extraordinaria? Mi cliente era un hombre vulgar.

SECRETARIA.— [Un hombre] vulgar.

DOCTOR.— No [lo era] por falta de sensibilidad, sino por carecer de valor. Pero [no puedo evitar la sospecha de que,] en su situación, [muy] pocos hombres lo habrían tenido. Acaso yo tampoco.

SECRETARIA.— Yo tampoco.

DOCTOR.— *(Suspira.)* [Hacía ya tiempo que me había establecido en la capital y] D. B. vivía no lejos de mi consulta.

SECRETARIA.— Perdón. ¿Cómo ha dicho?

DOCTOR.— De, punto, be, punto.

SECRETARIA.— Ya. Perdone.

DOCTOR.— Era un hombre simpático y expansivo: a primera vista, lo contrario de un enfermo. Su mujer, [ya no muy joven,] lo adoraba. *(Se ha ido acercando a la izquierda y se sienta en el banco, ahora iluminado.)* Yo la había tratado, cuando [aún] era soltera, de algunos trastornos nerviosos que cedieron fácilmente a los fármacos... y al matrimonio. De tarde en tarde ella y yo nos encontrábamos por [la calle o al cruzar] el parque cercano. *(Entra por la derecha* MARY BARNES, *que cruza, sonriente, y se detiene ante* EL DOCTOR. *Es una mujer delgada, madura, atractiva. Viste con elegante sencillez y lleva una bolsa y unas flores.* LA SECRETARIA *sigue escribiendo.)*

MARY.— ¡Buenos días, doctor!

DOCTOR.— Buenos días, señora. *(Se levanta y le da la mano.)* ¿De la compra?

MARY.— [¡Y qué remedio!] Mi suegra, [la pobre,] ya no está para el trote de los mercados. ¡Mire qué flores más lindas! ¿Quiere una?

DOCTOR.— En sus manos lucen más.

MARY.— Le he visto de lejos y me he dicho: ¿Será posible que el doctor se haya sentado en ese banco?

DOCTOR.— Algunas veces me quedo por aquí unos minutos. El parque es bonito.

MARY.— No me ha entendido, doctor. [Me refería a este banco.

DOCTOR.— ¿A este banco?

MARY.— *(Ríe.)* ¡Es una historia muy romántica!] Mi marido y yo nos conocimos en este banco.

DOCTOR.— ¿De veras?

MARY.— [*(Suave.)* Sí... Aquí fue.] ¡Pero continúe sentado, por favor! *(Le tiende la mano.)*

DOCTOR.— *(Se la estrecha.)* De ninguna manera. *(Ríe.)* Ya no me atrevería a profanarlo... *(Con mirada profesional.)* Tiene usted un aspecto inmejorable.

MARY.— ¡Todo va perfectamente!

DOCTOR.— Me alegro. [Aunque aún no tengo el gusto de conocerlo], saludos a su esposo.

MARY.– [Muchas] gracias. Algún día se lo presentaré. Él... siempre anda tan ocupado...

DOCTOR.– *(La mira con interés.)* Claro.

MARY.– [¿Quizá] podría usted venir una noche a cenar con nosotros?

[DOCTOR.– Muy amable, señora.

MARY.–] ¡Le telefonearé para convenirlo!

DOCTOR.– De acuerdo.

MARY.– Adiós, doctor.

DOCTOR.– Buenos días, señora. *(*MARY BARNES *sale por la izquierda bajo la mirada del* DOCTOR.*)* Afectuosa, pero distante. Nunca telefoneó. [En el fondo seguía siendo una persona nerviosa.] Tenían un niño de pocos meses y la madre del marido era una anciana casi sorda [con la que nunca crucé la palabra.] *(Luz sobre la cuna y* LA ABUELA. *El piano pasa sin interrupción a la* Canción de Cuna, *de Brahms.* EL DOCTOR VALMY *suspira y se va acercando a la derecha.)* Los psiquiatras sabemos [bien] que toda historia humana, por odiosa que resulte, quisiera haber sido una historia de amor y de belleza. Esta segunda historia también quiso serlo y [pienso] por ello [que], en vez de callarla, quizá sea preferible mostrar de qué modo, si bien desfigurados, latieron bajo ella el amor y la belleza que todos buscamos.

[SECRETARIA.– Entonces...

DOCTOR.– ¿Cómo?

SECRETARIA.– Perdón.

DOCTOR.– No, no. Diga...

SECRETARIA.– Entonces, quizá lo sea, pese a todo.

DOCTOR.– ¿El qué?

SECRETARIA.– Una historia de amor y de belleza...

*(*EL DOCTOR *la mira con insistencia y no contesta. Luego]* inclina la cabeza y sale por la derecha. *LA* SECRETARIA *se levanta y sale tras él. Sobre las notas de la* Canción de Cuna, *habla la abuela.)*

ABUELA.– Ya conoces a tu abuela, ¿eh? ¿O es que me pides cuentos? Ríe, ríe... [También tu papá me echaba risitas para que se los contase. Y los entendía como tú,] que sí que los entiendes, que lo sé yo muy bien... Pues verás: érase que se era un niño [pequeñito,] más bonito que el sol, que se llamaba... ¡Danielito! *(Ríe.)* ¿Ya sabes tu nombre, picarón? [¡Si no me refiero a ti, tonto,] si es el cuento que yo le contaba a tu papá! *(Suspira, en otro tono.)* Ay, Dios mío. Pues verás: Danielito tenía una mamá que lo adoraba. [Bueno: una abuelita.] Y decía su mamá: mi Danielito se hará [fuerte y] grande como un capitán. Y Danielito sonreía. Y como es tan guapísimo, todas las nenas se volverán locas por él. [Y como es tan buenísimo, todos querrán ser sus amigos.] *(Suspira.)* Ay, Dios mío. Y como es tan listísimo, cuando le crezca el bigote será la alegría de su mamá viejecita y los dos visitarán todos los países de este mundo hermoso, y los recibirán gritando: ¡Viva el gran Danielito! Y Danielito sonreía... *(El piano calla.* LA ABUELA *levanta la cabeza.)* [Creo que he oído la puerta...] *(Se levanta.* MARY *aparece en el foro con la bolsa, las flores y un periódico doblado.)*

MARY.— *(Le habla en voz muy alta.)* Hola, abuela. ¿Quiere el periódico?

ABUELA.— Bueno. *(Lo coge y busca en el delantal el estuche de sus gafas.* MARY *pone las flores en el florero de la mesita. Luego deja la bolsa sobre la silla contigua a la cuna.)*

[MARY.— ¿Le ha dado guerra el niño?]

ABUELA.— [Qué va. Se despertó hace un momento.] *(Va a sentarse al sillón del teléfono y se pone las gafas.)*

MARY.— *(Acaricia al niño.)* ¿Qué dice mi cordero? ¿Contento de que vuelva su mamá? [¿Sí? Vamos] a ver qué tal anda ese culito, cochinín, que tú eres como la fuente de la plaza. *(Mete la mano bajo el embozo y palpa.* LA ABUELA *mira.)*

ABUELA.— Ya le cambié yo. *(Vuelve a leer.)*

MARY.— Lo hace porque le encanta verte las cositas, no creas. [Pues yo tampoco me quedo sin vértelas antes de comer, descuida. *(Mira su reloj.)* En cuanto te dé el biberón vas a abrir el grifo...] *(Se incorpora.)* ¿Ha llamado Daniel, abuela?

ABUELA.— ¿Eh?

MARY.— ¡Que si llamó Daniel!

ABUELA.— No.

MARY.— *(Al niño.)* [No me mires así, que] ya sé lo que quieres. *(Le hace un mimo y recoge la bolsa para marcharse.)*

ABUELA.— Viene cada vez más soso el periódico.

MARY.— *(Se detiene.)* ¡Pero, abuela!

[ABUELA.— ¿Eh?

MARY.—] *(Va hacia ella.)* ¡Hoy trae la puesta en órbita de nuestra estación espacial! ¿No ha leído la primera plana?

ABUELA.— Yo voy siempre a otras páginas.

MARY.— *(Menea la cabeza, sonriente.)* Voy a preparar el biberón. *(Se encamina a la izquierda.)*

ABUELA.— *(Contrariada.)* Ya han vuelto a cambiar programas en la televisión. Esta noche no dan «Barrio del Este».

MARY.— *(Se detiene y sonríe.)* [Lo siento por usted.]

ABUELA.— *(Deja el periódico sobre la mesita y se levanta, quitándose las gafas.)* ¿No le toca el biberón al niño? *(Va a la silla contigua a la cuna y la lleva a su rincón.)*

MARY.— ¡Le acabo de decir que iba a prepararlo! ¿Por qué no se pone el aparato?

ABUELA.— Oigo bien.

MARY.— *(Sonríe.)* [Hoy tiene usted mal día.] *(Va a salir.)*

ABUELA.— ¿Cuándo termina tu licencia?

[MARY.— ¿No sabe que es ilimitada?

ABUELA.—] *(Da unos pasos hacia ella.)* ¿No piensas volver a tu escuela?

[MARY.— *(En voz queda.)* Quiere que me vaya, ¿verdad?

ABUELA.— ¿Qué?...] Te lo digo porque necesitas distraerte. Casi no sales...

MARY.— *(En voz queda y sonriente.)* Le gustaría quedarse sola con su hijo y su nieto, ¿eh? Pero no le guardo rencor. *(*LA ABUELA, *que intenta oír, da un paso más hacia ella.)*

ABUELA.— *(Irritada.)* ¡Podrías hablar más alto!

MARY.— *(Va a su lado.)* ¡Le decía que estoy muy a gusto así! *(La besa.)*

ABUELA.— *(Seca.)* Vamos [a la cocina,] que hay que aviar el puchero.

MARY.— *(Ríe.)* ¡Y el biberón! *(La toma del brazo y van hacia la izquierda.)*

ABUELA.— *(La detiene.)* Oye... Y Daniel, ¿está a gusto?

MARY.— *(Seria.)* ¿A qué viene eso?

ABUELA.— No hacéis más que cuchichear.

[Mary.– *(Inmutada.)* Está cansado. Ahora tienen mucho trabajo.

Abuela.– *(Lo piensa.)*] Está raro.

Mary.– *(Sin mirarla.)* Figuraciones suyas. *(La conduce. Se le ilumina la cara y se detiene.)*

Abuela.– ¿Han llamado?

Mary.– *(Le da la bolsa.)* ¡He oído el llavín! *(Corre al foro, al tiempo que aparece* Daniel. *Es un hombre de buen aspecto y aire deportivo. Ella se echa en sus brazos.)*

Daniel.– Hola, pitusa. *(Se besan.)*

Mary.– ¿Te quedas a comer?

Daniel.– Si no me llaman...

Mary.– ¡Qué alegría! *(Vuelve a besarlo.* La Abuela *los mira, molesta.)*

Daniel.– Hola, mamá. *(Va hacia ella.* Mary *le sigue colgada de su brazo.)*

Abuela.– Hola, hijo. *(Se besan.)*

[Mary.– ¿Quieres flan de postre? Hay huevos suficientes.]

Daniel.– [¡Buena idea!] ¿Y el cominito? *(Va a la cuna, seguido de su mujer.)*

Mary.– Hecho un sol. ¡Mira quién ha venido, cordero! *(Se sitúan a ambos lados de la cuna.)*

Daniel.– [¡Hola,] buena pieza! *(Se inclina y besa al niño.)* ¡Échame una risita, anda!... ¡Así! *(Ríen los dos.* La abuela *se acerca, sonriente; se siente desplazada.)* [Muchos] saludos del señor Paulus, mamá. *(Va hacia la librería.* Mary *va tras él.)*

Abuela.– Siempre tan cumplido.

Daniel.– Pues sí. Nunca deja de dármelos. *(Saca una pistola de una funda sobaquera, comprueba el seguro y la deja sobre la librería.)* [¿Cuántos años hace que no lo ves?]

Abuela.– Cuando el niño crezca, [supongo que] buscarás otro sitio para ese chisme.

Daniel.– Claro, mamá.

[Mary.– *(Le rodea el talle con el brazo.)* ¿No crees tú que el señor Paulus ha debido de ser un antiguo amor de tu madre?

Daniel.– *(Le pasa el brazo por los hombros.)* Cualquiera sabe. Pero es como ella dice: muy cumplido.] *(Va hacia la cuna.)* [La estampa misma de la corrección, del deber... ¡Uf!] *(Le hace una castañeta a su hijo.)* ¿Qué hay, barbián? *(Ríe.* MARY *vuelve a tomarlo por el brazo.)*

ABUELA.– ¿Te quedas a comer?

DANIEL.– *(Asiente.)* Sí. [Hoy ha habido suerte.] *(Va al sillón y se recuesta en un brazo mientras desdobla el periódico.)* Habrás leído la gran noticia, [¿eh?].

MARY.– *(Se acerca.)* ¡Es formidable!

DANIEL.– Estas cosas levantan el ánimo. Nuestra labor también contribuye a estos triunfos.

MARY.– ¿Te sientes de veras... más animado?

DANIEL.– *(La mira a los ojos.)* Yo diría que sí.

ABUELA.– *(Que no ha dejado de mirarlos.)* Voy a preparar el biberón. *(Se encamina a la izquierda con la bolsa.)*

MARY.– *(Rápida.)* Está celosilla... Dile algo.

DANIEL.– ¿Hubo algún recado, mamá? *(Va hacia ella.)*

[ABUELA.– Vino un ciclista por tu artículo.

DANIEL.– *(Chasquea la lengua, contrariado.)* No tengo tiempo de nada.

ABUELA.– Le dije que ya avisarías tú.

DANIEL.–] *(La acaricia.)* [Hiciste bien.]

ABUELA.– Déjame. El niño no espera. *(Sale por la izquierda.)*

MARY.– Me reprocha que no vaya yo. Pero quería hablarte de ella... Dice que te encuentra raro. *(Él la mira. Luego va, lento, al sillón del teléfono.)* Es más lista de lo que parece.

DANIEL.– No lo creas. Siempre ha estado pendiente de mí, con motivo o sin él. *(Suspira y se sienta.)*

MARY.– *(Se acerca y se recuesta en el brazo del sillón.)* [¿De verdad...] te sientes mejor? *(Le acaricia el cuello.)*

DANIEL.– *(Cierra los ojos.)* No sé.

MARY.– Lo acabas de decir...

DANIEL.– Para poner buena cara [frente a ella...] Para creérmelo yo, quizá. *(Breve pausa.* LA ABUELA *reaparece por la izquierda con unas zapatillas en la mano.)*

ABUELA.– *(Avanza.)* Si te vas a quedar, quítate los zapatos.

MARY.– *(En voz queda.)* Se ha puesto el aparato. *(En*

efecto, La abuela *trae ahora un micrófono de sorda.* Daniel *se quita los zapatos.)*

Abuela.– *(Ante él.)* Tienes mala cara. [¿Te duele la cabeza?]

Daniel.– [No.] *(Intenta sonreír.)* Me encuentro bien. *(Se pone las zapatillas.* La abuela *recoge los zapatos, va hacia la cuna y empieza a rodarla.)*

Abuela.– Vamos por tu biberón, Danielito, que aquí no hacemos falta. *(Canturrea.)*

Una tableta Finus tomará
y a reírse del dolor aprenderá...

Daniel.– *(Cambia una mirada con su mujer.)* ¿Qué cantas, mamá?

Abuela.– [¿Eh? Nada.] *(Y sigue canturreando, mientras empuja la cuna.)*

El mundo es feliz porque Finus llegó
como un hada y su dicha le dio...

Mary.– Es la propaganda del analgésico en la televisión. *(*La abuela *sale por la izquerda con la cuna. Se aleja su voz.* Daniel *esconde la cabeza entre las manos.* Mary *se acerca al sillón.)* Ya verás como es pasajero. *(Se inclina y le besa apasionadamente.)*

Daniel.– Me siento avergonzado.

[Mary.– Vamos, cállate. Mucho mimo es lo que tú tienes.

Daniel.– No bromees, por favor.]

Mary.– ¡Si no tiene importancia! [Lo que sucede] es que estás fatigado.

Daniel.– Otras veces estuve más fatigado y no sucedió. *(Súbitamente irritado, se levanta y pasea.)* [¡Es incomprensible!]

Mary.– *(Con una punta de impaciencia.)* Hemos quedado en no alarmarnos. Yo creo que estas cosas son frecuentes. *(Va a su encuentro.)* [Daniel...] *(Le abraza. Él la besa en el pelo.)*

Daniel.– Mary, si no pasase...

Mary.– ¡Pasará!

[Daniel.– Tú no lo soportarías.

Mary.– Soy tu mujer.]

Daniel.— *(Se separa, exaltado.)* [¡Y] no puedo sufrirlo!

Mary.— *(Triste.)* No lo tomes así... *(Larga pausa. De pronto oyen ruido.* La abuela *reaparece, meneando con una cucharilla un vaso de agua.* Mary *va a ojear el periódico.)*

[Abuela.— Tómate esto.

Daniel.— ¿Eh?]

Abuela.— Seguro que te duele la cabeza.

Daniel.— Pero si no me...

Mary.— *(En voz queda.)* Tómalo.

Daniel.— Gracias, mamá.

Abuela.— *(A* Mary, *mientras él bebe.)* Voy a poner la comida.

Mary.— Ahora [mismo] voy, abuela. *(*La abuela *recoge el vaso, los mira y sale de nuevo.)*

Daniel.— Ve con ella, sí. [No conduce a nada hablar de estas cosas.]

Mary.— *(Va a salir, titubea y se vuelve.)* ¿Por qué no vas a ver al doctor Valmy?

Daniel.— [No seas ingenua, maestrita.] Los psiquiatras no te aclaran nada [y te embrollan más.]

Mary.— A mí... me alivió muchísimo.

> *(Crece la luz en la oficina. Por la puerta del foro entra en ella* Marsan, *un hombre de unos treinta y cinco años, que se dirige al teléfono y empieza a marcar.)*

Daniel.— *(Con triste sonrisa.)* A ti te alivió el matrimonio, [pitusa.]

Mary.— ¿Quieres que yo le pida hora? Podemos ir juntos...

Daniel.— ¡Menos aún! Eso yo no lo soportaría. *(Va a sentarse al sillón.)*

Mary.— *(Suspira.)* Voy con tu madre. *(Se encamina a la izquierda.* Marsan *dejó de marcar. Suena el teléfono.* Daniel *lo mira sin moverse.)* Yo lo tomo. *(Va al teléfono y toma el auricular.)* Diga.

Marsan.— *(Sonríe.)* ¿Señora Barnes?

[MARY.– Sí. ¿Quién es?

MARSAN.– Marsan. ¿Está su marido?]

MARY.– *(Tapa el micrófono.)* Marsan. ¿Le digo que no estás?

DANIEL.– Eso no puede hacerse, Mary.

MARSAN.– ¿Está su marido, señora Barnes?

MARY.– Ahora se pone.

MARSAN.– Nos tendrá que disculpar que se lo quitemos de nuevo... [¿Me oye, señora?

MARY.– Le oigo.] *(*DANIEL *tiende la mano. Ella le indica que espere.)*

[MARSAN.– A veces me alegro de seguir soltero...] Debe de ser muy desagradable el tener que abandonar [con tanta frecuencia] a una esposa tan encantadora.

MARY.– Por favor, no bromee.

MARSAN.– *(Grave.)* [Usted sabe que] no bromeo.

MARY.– Mi marido está aquí ya. *(Le pasa a* DANIEL *el auricular.)*

DANIEL.– ¿Qué te ha dicho?

MARY.– Tonterías.

DANIEL.– *(Al teléfono.)* Dime, Marsan.

MARSAN.– Paso a recogerte con el coche.

[DANIEL.– ¿Cómo?

MARSAN.–] Órdenes de papaíto.

DANIEL.– [¡Oye, oye!] Papaíto me dejaba libre la tarde.

MARSAN.– [Le acaban de telefonear metiéndole prisa.] Tenemos que traer otra vez al pájaro.

DANIEL.– *(Frunce los labios.)* ¿Y no puede acompañarte Dalton, [o Pozner?] Yo iba a ir al médico... *(A* MARY *se le alegran los ojos al oírlo.)*

MARSAN.– *(Ríe.)* [Déjate de monsergas. Aquí también hay médico y] a ti no te pasa nada. ¿O es que empieza a pesarte el trabajo?

DANIEL.– No seas idiota.

MARSAN.– *(Ríe.)* [De todos modos tienes muchas horas libres... La función no empieza hasta la noche.] Voy ahora mismo. *(Cuelga.* DANIEL *cuelga a su vez. La luz se extingue en la oficina.* MARSAN *baja por los invisibles peldaños de la izquierda.)*

MARY.– ¿Te acompaño al médico?

Daniel.— *(Deniega.)* Ha sido una excusa. Tráeme los zapatos.

Mary.— Me lo temía. *(Sale por la izquierda. Daniel pasea, perplejo. De pronto va a la mesita, toma la guía telefónica y busca un número. El teléfono vuelve a sonar. Contrariado, lo mira y lo toma.)*

Daniel.— Diga. *(Mary vuelve con los zapatos de Daniel.)* Sí, [dígame...] Un momento. *(Tiende el aparato a su mujer.)* De una amiga.

Mary.— ¿Para mí? *(Toma el teléfono. Daniel le coge los zapatos y empieza a cambiarse.)* ¿Quién es?... *(Alegre.)* ¡Ah, sí! [Pero por la voz no te recuerdo...] ¿La de las trencitas? [¡Qué alegría!] Pero tú ya estarás hecha una mujer... ¡Claro! Yo también me he casado... ¿Por qué no vienes esta [misma] tarde? *(Ríe.)* Espera. *(Tapa el micrófono.)* Que si vas a estar [tú] no se atreve. Siempre fue muy tímida. Es una antigua alumna de mi escuela.

Daniel.— ¡Pues claro! [Dile] que venga y así te distraes un poco.

Mary.— Oye... Ven a las seis y meriendas conmigo. No faltes, ¿eh?... Muchos besos, hija... [Hasta luego.] *(Cuelga.)* Es muy simpática. Ya la conocerás.

Daniel.— *(Le tiende las zapatillas.)* Sí, pero otro día... Oye, yo tengo que llamar por teléfono y después me voy. Ve tú con mamá y no le digas todavía que he tenido que salir. Estaba ya tan ilusionada...

Mary.— Bueno. *(Le besa.)* [Y piensa en lo que te he dicho...] Y no te desanimes, [amor mío.] *(Va a la izquieda y se vuelve.)* ¿Volverás esta noche?

Daniel.— No creo.

Mary.— ¡Dichosa Jefatura! *(Le envía un beso. Daniel se lo devuelve, la ve salir y se precipita a mirar la guía. Busca nervioso el número y lo marca. Una pausa, durante la que mira a la izquierda.)*

Daniel.— ¿Podría concederme hora el doctor para hoy?... Verá, señorita. Yo estoy [siempre] atrozmente ocupado y sólo tengo libre esta tarde... Sí, espero. *(Una pausa.)* [Dígame... De acuerdo.] A las cuatro. Muchísimas gracias... ¿Eh? Barnes...

[De nada.] *(Cuelga. Emite un profundo suspiro y queda un momento abstraído. Al fin se encamina al foro.* LA ABUELA *sale por la izquierda, seguida de* MARY. *Él se vuelve.)*

MARY.– Ya sabes cómo es. Se lo ha figurado.

ABUELA.– ¿Te vas?

DANIEL.– *(Va a su lado y la besa.)* No tengo más remedio. Mañana comeremos juntos. *(Vuelve al foro.)*

ABUELA.– ¿No te llevas ese chisme? *(Señala a la pistola.)*

DANIEL.– ¡Ah, sí! *(Recoge la pistola y se la guarda.)* Adiós. *(Sale.* MARY *sale por la izquierda.)*

ABUELA.– *(Suspira.)* Ay, Dios mío. *(Sale por la izquierda. La luz se extingue en la casa de los Barnes y crece a la derecha, iluminando al* DOCTOR VALMY. *El Nocturno de Chopin vuelve a oírse muy apagado.* LA SECRETARIA, *con su cuaderno y su lápiz, está junto al lateral.)*

DOCTOR.– [Mis compañeros dicen que soy un mal psiquiatra. Yo me río y les pago en la misma moneda.] No soy un especialista: [en el barrio hay que hacer de todo.] Pero estudié psicoterapia y por la mañanas trabajo en un sanatorio psiquiátrico. Luego, por las tardes, recibo también en casa enfermos mentales. Soy un practicón que comete [frecuentes] errores y que también ha logrado aciertos repentinos por fiarse de su intuición. Mis compañeros sonreirán cuando lean esto, [ya lo sé.] Ellos se pasan la vida hablando de complejos o transferencias y el presente libro habla poco de tales cosas, porque es un libro destinado al hombre corriente. Si lo lee un sociólogo, echará también de menos las causas generales que, en su opinión, todo lo explican... Yo no soy más que un médico de barrio. El psiquiatra y el sociólogo poseen ciencias más complejas que la mía, pero también más frías. Ante sus [impecables] análisis, el dolor mismo parece esfumarse... Yo no puedo olvidarlo. A mí me importa sobre todo la persona cocreta que llega a mi consulta con los ojos húmedos y el corazón agitado.

SECRETARIA.– El corazón agitado.

DOCTOR.– Yo prefiero mostrar el dolor del hombre a nuestro nivel de hombres, [lo cual aclara muy poco pero aviva nuestra gastada sensibilidad.] Porque no sólo debemos intentar la mejora del mundo con nuestra ciencia, sino con nuestra vergüenza.

Secretaria.— Nuestra vergüenza. *(El piano calla.)*

Doctor.— Este caso fue, [pese a todo,] uno de mis aciertos fulminantes. Sin vanidad lo digo, pues [creo que] era fácil de entender. *(Se vuelve hacia* La secretaria, *que avanza con una cartulina en la mano.)*

Secretaria.— El paciente citado a las cuatro, doctor.

Doctor.— *(La toma y la lee.)* Daniel Barnes. Funcionario público... *(Le devuelve la ficha.)* Hágalo pasar. *(*La secretaria *sale. Entra* Daniel.*)*

Daniel.— Buenas tardes, doctor.

Doctor.— *(Se adelanta y le estrecha la mano.)* Mucho gusto [en saludarle,] señor Barnes. Si no me equivoco, su esposa y yo nos conocemos. ¿Cómo sigue su señora?

Daniel.— [Ella está] muy bien, gracias. Soy yo el enfermo.

Doctor.— Siéntese, por favor. *(Le ofrece tabaco.)* ¿Un cigarrillo?

Daniel.— *(Se sienta en el sillón y sonríe.)* Gracias. *(Mientras enciende en el mechero del doctor, ríe débilmente.)* Perdone que me ría. Es que ha hecho usted [conmigo] algo que yo hago con otros... a menudo.

Doctor.— ¿Ofrecer un cigarrillo?

Daniel.— *(Se arrepiente.)* Sí... Ya le explicaré.

Doctor.— *(Se sienta en la silla y enciende a su vez.)* Pues usted me dirá.

Daniel.— [Verá...] No es fácil...

Doctor.— Estoy aquí para ayudarle. Tranquilícese. [Y empiece por cualquier lado. Es lo mismo.]

Daniel.— *(Con un suspiro.)* Lo mejor será decirlo de una vez. Desde hace unos veinte días, doctor... no puedo cumplir mis deberes matrimoniales.

Doctor.— ¿Le asusta la palabra?

Daniel.— ¿Cómo?

Doctor.— ¿Quiere decir que padece impotencia?

Daniel.— *(Baja la cabeza.)* Sí. Y estoy bastante asustado.

Doctor.— A ver si lo entiendo. ¿Lo intenta y no lo consigue o se encuentra desganado?

DANIEL.— Lo intento sin conseguirlo. [Pero no sé si con ganas. Mi pobre mujer procura animarme, estimularme... Es inútil.] Unas veces no sucede nada y otras..., sin encontrarme en las condiciones adecuadas..., me desahogo inesperadamente.

DOCTOR.— Por el momento no debe preocuparse. Esas cosas son [más] corrientes [de lo que supone.]

DANIEL.— Me alegro de oírselo. *(Apaga el pitillo en un cenicero adosado al brazo del sillón.)*

DOCTOR.— ¿Le ha sucedido en alguna ocasión anterior?

DANIEL.— A veces no he tenido ganas... Eso es normal, supongo.

DOCTOR.— Y esos desahogos inesperados, ¿los conocía de antes?

DANIEL.— Nunca me habían sucedido.

[DOCTOR.— ¿Es usted muy temperamental, señor Barnes?

DANIEL.— Pues... sí. Lo era.]

DOCTOR.— ¿Le gusta su mujer?

DANIEL.— Más que ninguna otra.

DOCTOR.— Sin embargo, puede encontrarse momentáneamente cansado de ella.

DANIEL.— No, doctor. Al principio pensé eso [mismo.] Y me dije: hay que variar. [Desde que estoy casado no lo he hecho, pero esta vez lo haré.] Por ella... Por volver a ella. Y me fui, [tan confiado,] con otra mujer que también me gustaba mucho... ¡Fue humillante! [Y después fue cuando me entró miedo.]

DOCTOR.— ¿Cuántas horas trabaja usted al día?

DANIEL.— Muchas. Pero [siempre me encontré bien...] No, no estoy agotado. Ni intoxicado; no soy bebedor y apenas fumo... Es más: estos días me he inyectado hormonas. Se lo pedí al médico del lugar donde trabajo, alegando que tenía una aventura y que no quería desatender a mi mujer... Todo inútil.

DOCTOR.— *(Se encoge de hombros.)* Parece usted un varón sexualmente sano. De todos modos... Contésteme con sinceridad, se lo ruego. [Es lo mejor.]

DANIEL.— Diga.

DOCTOR.– ¿Ha sentido de adulto, aunque sea levemente, alguna inclinación homosexual?

DANIEL.– Nunca.

[DOCTOR.– ¿Y de niño?

DANIEL.– Que yo recuerde, no.]

DOCTOR.– ¿Alguna experiencia de otras formas de practicar el amor [con mujeres?]

DANIEL.– Eso... según se entienda...

DOCTOR.– Quiero decir si en algún caso ha prescindido [voluntariamente] del cumplimiento normal para satisfacerse.

DANIEL.– Siempre he terminado normalmente.

DOCTOR.– Pues es usted desusadamente normal, señor Barnes. *(Sonríe.)* Esto puede ser largo. Pero daremos con ello. ¿Cuál es su trabajo?

DANIEL.– Soy... funcionario público.

DOCTOR.– [Ya lo sé.] ¿Qué clase de funcionario [público?]

DANIEL.– *(Sonríe.)* No solemos franquearnos acerca de eso... Hay [muchos] prejuicios contra nosotros. Pero no veo qué relación...

DOCTOR.– *(Que lo miraba fijamente.)* ¿Es usted policía, señor Barnes?

DANIEL.– *(Después de un momento.)* Pertenezco a la Sección Política de la Seguridad Nacional.

DOCTOR.– *(No puede evitar un respingo.)* ¿Es usted un S. P.?

DANIEL.– Así nos llaman. *(Un silencio.* EL DOCTOR VALMY *se levanta despacio y pasea, pensativo.* [*La voz de* DANIEL *se endurece.)* Lamentaría que usted también participase de esos prejuicios.]

DOCTOR.– [Yo no he dicho nada, señor Barnes.] ¿Es al doctor Clemens a quien le pidió la receta para las hormonas?

DANIEL.– [Sí.] ¿Lo conoce?

DOCTOR.– Superficialmente. ¿No le ha consultado a él [su caso?]

DANIEL.– Allí no quiero que sepan nada.

DOCTOR.– Ya. ¿Cómo entró usted en la Policía?

DANIEL.– *(Reprime un movimiento de impaciencia.)* ¿Es necesario contar eso?

DOCTOR.— Podría serlo.

DANIEL.— En la Sección Política estoy desde hace tres años. En la Policía entré hace diez. Yo... me quedé huérfano siendo casi un niño y tuve que ponerme a trabajar en una tienda. Yo quería estudiar, escribir... *(Sonríe.)* Bueno, aún escribo algo en nuestra revista.

DOCTOR.— Me parece muy bien.

DANIEL.— Mi jefe [actual] era amigo de casa y sugirió a mi madre que me preparase para el ingreso. Así fue como entré. Y hace tres años me llevó él mismo a la Sección, cuando vio que yo había madurado políticamente.

DOCTOR.— ¿Usted no presume la causa de su trastorno? A veces el enfermo sospecha algo...

DANIEL.— Yo... no sé.

[DOCTOR.— Piénselo. Algún incidente infantil relacionado con el sexo, o con la actividad erótica de sus padres..., o de sus amigos...

DANIEL.— *(Deniega.)* Ya he buscado por ahí.

DOCTOR.— ¿Recuerda algún sueño reciente?

DANIEL.— No.]

DOCTOR.— ¿Hace veinte días, dijo usted?

DANIEL.— Sí.

DOCTOR.— *(Se sienta de nuevo.)* ¿No ha habido, por casualidad, en los días anteriores, nada relacionado con el sexo?... ¿Aunque sea una lectura?...

DANIEL.— *(Después de un momento, sin mirarlo.)* No.

[DOCTOR.— ¿Por qué no me mira?

DANIEL.— *(Lo mira.)* Le he dicho que no, doctor.]

DOCTOR.— [Sin embargo,] yo diría que sí. Usted ha parpadeado ante la pregunta.

DANIEL.— Habrá sido casual.

DOCTOR.— No es casual. Usted es policía y tiene que saberlo. [Como sabe ofrecer un cigarrillo al detenido para confiarlo.] Yo también soy policía... a mi modo. Cuénteme.

DANIEL.— No tiene ninguna relación...

DOCTOR.— [No esté tan seguro.] Cuente. Aunque el hecho le parezca sin importancia.

DANIEL.— ¡No es que me parezca sin importancia! ¡Es que no tiene relación! Además, pertenece al secreto de mi trabajo.

DOCTOR.— Y al [secreto] del mío. Aquí se viene a contar secretos, señor Barnes.

DANIEL.— De todos modos... no debo contarlo.

DOCTOR.— Es usted muy dueño de callar. [Pero así no podré ayudarlo.] *(Se levanta.)*

DANIEL.— *(Se levanta.)* ¡Espere! ¡Lo contaré si se empeña! Pero no veo qué relación puede tener...

DOCTOR.— *(Fuerte.)* ¡Cuente, señor Barnes! [Usted ha venido a eso.]

DANIEL.— Son cosas que [la mayoría de] la gente no comprende. ¡Pero son necesarias!

DOCTOR.— Adelante. *(Se sienta y le indica el sillón.)*

DANIEL.— *(Sin sentarse.)* ¡Esto es ridículo! [¡Habría que buscar por otro lado!

DOCTOR.— *(Tenaz.)* Cuente.

DANIEL.—] ¡Y usted no tiene derecho a juzgar estos actos!

DOCTOR.— Yo no juzgo nada. Es usted quien los juzgará. *(En la oficina crece una luz verdosa e irreal.)*

DANIEL.— Allí todo el mundo va a mentir, doctor... Tiene que hacerse cargo de ello. Hace unos treinta días... hubo que tratar con mucha dureza a un detenido. *(Ríe, nervioso.)* Y papaíto, como le llamamos nosotros, me encargó a mí la tarea más difícil.

> *(Durante estas palabras el comisario* PAULUS *entra por la puerta del foro en la oficina y va a sentarse tras la mesa. Es un anciano de cabellos blancos y aspecto vigoroso.)*

DOCTOR.— ¿Papaíto?

DANIEL.— Nuestro comisario jefe. [Es un hombre extraordinario.]

DOCTOR.— ¿Le puso usted ese apodo?

DANIEL.— No recuerdo.

DOCTOR.— ¿Es el antiguo amigo de su casa?

DANIEL.— El mismo.

DOCTOR.— Siga, por favor.

DANIEL.— *(Avanza hacia la escalerilla.)* [En el país estamos viviendo momentos difíciles, usted lo sabe... En Jefatura hemos tenido más de sesenta detenidos a causa de los últimos disturbios. *(Se vuelve a mirarlo.)* Mi oficio es un duro oficio, doctor... Pero] sin nosotros el país se hundiría. Tiene que comprenderlo.

DOCTOR.— Adelante. *(*DANIEL *suspira, se vuelve y sube por la escalerilla. El comisario* PAULUS *lo mira. El rincón del* DOCTOR *queda en penumbra.)*

DANIEL.— El mío ha confesado, jefe. He dejado a Dalton para la declaración.

[PAULUS.— *(Mira su reloj.)* ¿En dos horas?

DANIEL.— No aguantó mucho.]

PAULUS.— Muy bien, hijo. Si Marsan quiebra a los suyos, podremos redondear el asunto. ¿Un cigarrillo?

DANIEL.— *(Lo acepta.)* ¿Y Marty?

PAULUS.— Ahora lo suben. Por eso te quiero a mi lado. [A ése] hay que doblegarlo, cueste lo que cueste.

DANIEL.— *(Se encoge de hombros.)* Después de lo que se le ha hecho...

PAULUS.— Tengo una idea. [*(Suena el teléfono. Lo toma.)* Diga. *(Su tono cambia.)* A sus órdenes, jefe.] *(Por la invisible escalerilla de la izquierda suben* LUIGI *y* POZNER, *que conducen a* MARTY, *esposado.* [PAULUS *les indica que esperen mientras sigue hablando.*] LUIGI *es delgado, sonríe casi siempre y en sus movimientos hay algo ambiguo.* POZNER *es un hombre corpulento y tranquilo. El detenido,* ANÍBAL MARTY, *no pasará de los treinta y cinco años. Viene en mangas de camisa, viste un viejo pantalón y calza alpargatas. Luce barba de varios días y su aspecto es horripilante: parece un cadáver.)* [Sí, jefe... Ya han confesado casi todos. Yo creo que es cosa de dos días... A sus órdenes. *(Cuelga.)*] Pozner, quítele las esposas. *(*POZNER *lo hace.* MARTY *se acaricia las muñecas con dedos temblorosos.* LUIGI *se sienta en el sofá.* PAULUS *se levanta y se acerca al preso.* DANIEL *se recuesta en la mesa.)* ¿Estaban apretadas?

POZNER.— No, [jefe.] Pero cualquier roce [sobre las quemaduras] le duele.

PAULUS.—¡Ah, las quemaduras! *(Le toma a* MARTY *las muñecas y las mira.)* [Pero] no son más que chispitas que saltan entre el metal y la piel. [El procedimiento aún no es perfecto.] ¿Cuántas veces le aplicamos la corriente, Luigi?

LUIGI.—Pocas, jefe. Seis.

PAULUS.—A ver las uñas. *(Le aprieta levemente la punta de los dedos de la mano izquierda.* MARTY *ahoga un gemido.)* No te quejes [muchacho.] Aún conservas las de la derecha, porque tienes que firmar. *(Se abre la puerta del foro y entra* MARSAN *en mangas de camisa, con dos hojas de papel en la mano, que pone sobre la mesa.)*

MARSAN.—Estos dos ya han cantado.

PAULUS.—*(A* MARTY.*)* ¿Te enteras, idiota? Todos [cantan. ¡Y] firman! Acércate; no es un truco. *(*POZNER *lo empuja y* MARTY *llega junto a la mesa. No puede evitar una inquieta ojeada a los papeles.)* [Te interesa leerlas, ¿eh?] *(Pone las hojas ante su vista.)* ¡Cógelas! *(*MARTY *lo hace y lee.* LUIGI *ríe.* PAULUS *bordea la mesa y, al pasar tras* MARTY, *lo empuja por los hombros para que se siente en la silla.)* Siéntate, bobo. Lo vas a necesitar. *(Le arrebata los papeles y les echa un vistazo.)* Buen trabajo, Marsan.

MARSAN.—Gracias, jefe. *(Se retira junto al sofá y se recuesta en la pared.)*

PAULUS.—[Siéntese, Pozner. Y tú, Daniel.] *(*POZNER *va al sofá.* DANIEL *se sienta junto a la máquina.)* Bien... Sólo quedas tú. Y vas a hablar.

MARTY.—Le he dicho todo lo que sabía.

MARSAN.—¿Oyes, Luigi? Ha dicho todo lo que sabía.

LUIGI.—*(Risita.)* ¡Me conmueve!

PAULUS.—[¡Silencio!...] Dale un cigarrillo, Daniel. Esta es una conversación amistosa. *(Enciende un cigarrillo, mientras* DANIEL *le pone al detenido otro cigarrillo en la boca y se lo prende, volviendo luego a su sitio.)* Marty, [tú no eras más que un enlace. El día dos del mes pasado recibiste la visita de] un desconocido que venía del extranjero. [Y no sabes quién es.] Te dio un sobre que tú debías llevar a algún sitio. Y tampoco sabes el contenido. Bien; admitámoslo. Pero el lugar a donde fuiste y la persona a quien se lo entregaste sí los conoces.

MARTY.— ¡Ya le he dicho que fue en un café!

PAULUS.— ¡Fue en una casa! *(Levanta las declaraciones.)* Ya has visto que todos coinciden.

MARTY.— Esas declaraciones pueden haberse conseguido...

MARSAN.— *(Duro.)* ¿Cómo? *(*MARTY *lo mira, asustado.* MARSAN *avanza.)* ¿Cómo, di?

PAULUS.— Marty, todos te traicionan. Son unos cobardes y no se merecen tu silencio. ¿No vas a defenderte indicándonos al verdadero responsable? *(Un silencio.)* [No te has engañado.] ¡Tus compañeros te delatan como a su jefe porque terminan firmando lo que se nos antoja! ¿Vas tú a resistir más que ellos? *(Un silencio.)* Si hablas, te doy mi palabra de honor *(*MARTY *lo mira)* de que el atestado será leve. Tú eras un enlace, ignorante de todo [y escogido precisamente por serlo.] Saldrás con [tres o] cuatro años de cárcel. [Poca cosa;] pasan pronto y después, ¡a vivir de nuevo! Eso, si quieres hablar. [Si no... hablarás de todos modos, pero lo que nosotros queramos. Entonces serás uno de los jefes y tú mismo lo firmarás. Aquí no hay escape, ya lo sabes.] ¿Te decides? *(Un silencio.)*

MARSAN.— ¿Quieres que traigamos [otra vez] a tu mujer? *(*MARTY *lo mira, sobresaltado.)*

PAULUS.— [Sería] horrible, ¿verdad? Porque tú la quieres mucho. Y sin embargo, cuando estuvo aquí no hablaste. Descuida: no la volveremos a traer. Hay mucha liga de derechos humanos por ahí fuera, mucho abogado entrometido, y no nos conviene insistir con los que van a quedar libres. Hace poco que estáis casados, ¿no?

POZNER.— Año y medio, jefe.

PAULUS.— Todavía en la luna de miel, como quien dice. No sé para qué os metéis en estos líos. Si sales de esta, ¿no te gustaría tener hijos?... ¡Contesta!

MARTY.— No lo sé.

PAULUS.— [Claro que] te gustaría. Y a ella. [Se nota que sois un par de tórtolos.] *(Con mucha dulzura.)* Verdaderamente, es lástima. Porque quizá no los tengáis ya. *(*MARTY *lo mira sin comprender.)* No, no lo digo porque vayas a morir o [porque] te vayas a pasar la vida en presidio. [Bien mirado,] casi prefiero [hacerte un atestado leve, para] que puedas volver con tu mujer dentro de unos años. *(Los policías se miran.)*

MARSAN.— Demasiado bueno, jefe.

PAULUS.— [¿Sí?... Pero] es que, de todos modos, habremos de apretarle. Y como nos habrá obligado a apretarle mucho..., ya no tendrá hijos. *(*MARTY *lo mira, asustado.* DANIEL *se levanta. Todos se miran.)* Pero él no querrá vivir toda la vida con su mujer como con una hermana. Sería un precio excesivo para esta locura suya de juventud.

LUIGI.— *(Silba levemente.)* Fantástico.

PAULUS.— *(Brutal, a* MARTY.*)* ¡Supongo que me entiendes! [Lo he dicho muy en serio y] ya nos tienes hartos. ¿Vas a hablar? *(*LUIGI *se levanta y da un paso.* MARSAN *se incorpora.)*

MARTY.— *(Se levanta, histérico.)* ¡Yo no sé, yo no sé nada!...

PAULUS.— ¡Basta! Tú lo has querido. Llévenlo [adentro] y que se desnude. Daniel, quédate conmigo. *(Entre* POZNER *y* MARSAN *arrastran al detenido hasta la puerta del foro.* LUIGI *la abre.)*

MARTY.— ¡Si yo no sé nada!

POZNER.— Di mejor que no te acuerdas. Pero ahora te vas a acordar. *(*MARTY *los mira, desencajado. Salen por el foro.)*

LUIGI.— ¿Empezamos ya?

PAULUS.— Ahora entraré yo. *(*LUIGI *baja la cabeza y sale a su vez, cerrando.* PAULUS *mira a* DANIEL.*)*

DANIEL.— [Yo creo que hablará.] Esa amenaza le ha roto.

PAULUS.— No es una amenaza.

[DANIEL.— Pero...

PAULUS.— Sigue negando] y no hablará mientras no empecemos. Pero ya verás como entonces se le suelta la lengua. [Yo ya soy viejo y creo más en estas cosas que en las corrientes y todas esas monsergas nuevas.] Al hombre le quiebra el daño en sus centros vitales: eso no falla.

[DANIEL.— ¿Y si... no hablase?]

PAULUS.— *(Irritado, se levanta.)* [¡Tiene que hablar!] *(Pasea.)*

DANIEL.— ¿No habrá peligro... de que muera?

PAULUS.— Tendremos cuidado. *(Se vuelve y lo mira.)* Esto lo vas a hacer tú, hijo mío.

DANIEL.— *(Da un respingo.)* ¿Yo?

PAULUS.— No me fío de ninguno de ésos; [estas cosas les enardecen. Por eso] quiero que lo hagas tú. *(Le pone una mano en el hombro.)* Daniel, [no se puede tener compasión.] Son alimañas que hay que aplastar sin contemplaciones.

DANIEL.— Yo... no sé cómo he de hacer...

PAULUS.— Yo te iré indicando. *(Va hacia la puerta.)* ¿Vamos? *(La abre. La luz empieza a decrecer y vuelve al primer término.* PAULUS *sale por el foro y cierra.* DANIEL *comienza a bajar la escalerilla. Oscuridad arriba.)*

DANIEL.— *(Mientras baja.)* Hubo que llegar al final. *(Llega abajo.)*

DOCTOR.— *(Sin mirarlo.)* ¿Cómo lo hizo?

DANIEL.— *(Molesto.)* ¿Es necesario entrar en detalles?

DOCTOR.— De momento me basta ver que se resiste a darlos. ¿Habló el detenido?

DANIEL.— *(Fríamente.)* Se desvaneció. Y [luego] hubo que llevarlo al hospital. Pero hoy lo hemos devuelto a Jefatura.

DOCTOR.— ¡Ah! *(*DANIEL *vuelve a sentarse.)* [Entonces,] ¿se ha restablecido?

DANIEL.— Está casi curado, pero ya nunca será un hombre.

DOCTOR.— ¿Está seguro?

DANIEL.— Eso ha dicho el médico. *(Largo silencio.)*

DOCTOR.— ¿Lamenta lo que ha hecho?

DANIEL.— Cumplí con mi deber.

[DOCTOR.— No sé si se da plena cuenta de cómo ha revivido la escena.

DANIEL.— Esas cosas no son agradables. Pero hay que hacerlas.] *(Un silencio.)* Bien: [eso es todo.] Supongo que se habrá convencido ya.

DOCTOR.— ¿De qué?

DANIEL.— De que hay que buscar por otro lado.

DOCTOR.— Al contrario. Está clarísimo.

DANIEL.— ¿Clarísimo?

[DOCTOR.— Usted dice que no está arrepentido...

DANIEL.— No tengo nada de qué arrepentirme.

Doctor.— Más valdría que lo estuviese.

Daniel.— No entiendo.]

Doctor.— [Pues es muy sencillo:] usted ha elegido arrepentirse mediante la enfermedad, precisamente por no estar arrepentido.

Daniel.— Oiga, doctor; yo he leído algo de esas cosas y siento decirle que no me parecen convincentes.

Doctor.— Señor Barnes, usted podría felicitarse. Hay casos cuya aclaración cuesta años, y hoy hemos aclarado el suyo en unos minutos. Sin embargo, [no creo que deba felicitarse. Porque] usted, probablemente, nunca querrá curar.

Daniel.— ¡He venido [aquí] para eso!

Doctor.— A pesar de haber venido. [Algo en su interior le dice que lo que ha hecho no se puede hacer, aunque usted afirma que se debe hacer.] Para curarse, tendría que admitir que ha cometido algo injustificable y espantoso. [Y aun así, no creo que se curase...] O tendría que llegar a la absoluta convicción de que ése y otros actos parecidos eran [duros, pero] meritorios y justos... Y yo no creo que nadie pueda convencerse en el fondo de tal cosa. Usted, desde luego, no lo está.

Daniel.— ¡Suponiendo que fuese esa la causa de lo que me sucede, sólo significaría que mis nervios me traicionan, [que no estoy lo bastante maduro! ¡Pero yo superaré esa debilidad!

Doctor.— Inténtelo, ya que lo cree posible.

Daniel.— ¡Sé que es posible!] Quizá yo no tenga la fortaleza necesaria. Pero otros la tienen.

Doctor.— ¿Sus compañeros?

Daniel.— ¡Sé [muy bien] que no les pasa lo que a mí!

Doctor.— [¿Cómo sabe que] no les pasan otras cosas? Según los ha descrito, yo diría que también están enfermos. [¿Puedo preguntarle qué hicieron con la mujer de ese detenido?

Daniel.— Eso es anterior. Y yo estaba en el sur, practicando detenciones.

Doctor.— No ha contestado a mi pregunta. ¿La golpearon? *(Un silencio.)* No conteste si no quiere. Quién sabe si también se está usted castigando por lo que le hicieron a ella. *(*Daniel *lo mira.)*

DANIEL.— Yo no hago esas cosas. *(El* DOCTOR *se encoge de hombros.)* Pero, de haberlos, esos excesos demostrarían...

DOCTOR.— Que sus compañeros tienen menos escrúpulos que usted. No que estén más sanos.]

DANIEL.— Hay uno, al menos, que está sano.

DOCTOR.— Su jefe.

DANIEL.— ¡Exacto!

DOCTOR.— A lo mejor padece de insomnio, o le duele el estómago...

DANIEL.— ¡No le duele!

DOCTOR.— Bien. No discutamos eso. ¿Cuándo puso [usted] la mano por primera vez sobre un detenido?

DANIEL.— *(Molesto.)* Ya hace muchos años.

DOCTOR.— ¿Recuerda al detenido?

DANIEL.— ¡Sí!] ¡Y tampoco me arrepiento! Era un canalla que había abusado de un niño.

DOCTOR.— Claro. Supongo que al principio es fácil aprender a despreciar. Degenerados, estafadores, borrachos... Luego [le cambian a uno de sección y] hay que torturar a políticos. Pero para eso se madura políticamente.

DANIEL.— Esos sediciosos son más despreciables que los delincuentes comunes.

[DOCTOR.— *(Seco.)* Puede ser. Pero usted debe considerar la posibilidad contraria: la de que haya madurado políticamente, como usted dice, porque preveía que un día le llevarían a la Sección Política y sospechaba que no sería capaz de cometer ciertos actos sin una justificación que, al menos en parte, le tranquilizase.

DANIEL.— *(Agrio.)* Toda esa psicología es pura bazofia.]

DOCTOR.— Como quiera. Pero [yo opino que] usted debió pensarlo bien antes de dar aquella primera bofetada. Porque [en el fondo es lo mismo, señor Barnes:] detrás de la primera bofetada está todo lo demás. *(Un silencio.)*

DANIEL.— *(Débil.)* ¿Por qué dijo que no creía en mi curación ni aunque yo admitiese que había cometido algo injustificable?

DOCTOR.— Porque el hecho es irreparable. Usted no podría devolver su virilidad a ese pobre hombre, y por eso ha anulado la suya propia. Es una paradoja: su curación es su propia enfermedad. Eso, dicho sea de paso, habla en su favor. Sin embargo... *(Calla.)*

DANIEL.– ¿Qué?

DOCTOR.– [Nada.] No puedo ocuparme de su caso.

DANIEL.– ¡Usted es médico!

DOCTOR.– Ahora sabe [perfectamente] lo que le ocurre y si alguien puede resolverlo será usted, no yo. [Sólo que... no creo que lo resuelva.

DANIEL.– Pero ¿por qué no? ¿Por qué?

DOCTOR.–] *(Se levanta.* DANIEL *le imita lentamente.)* Por lo que ha hecho hay que pagar un precio muy caro, y lo está pagando. Para dejar de pagar ése, tendría que [pagar otro no menos caro.

DANIEL.– ¿Cuál?

DOCTOR.– ¡Qué sé yo! Necesitaría] transformarse... Acaso abandonar su profesión... [Buscar un perdón muy difícil de lograr, a costa de acciones... que no puedo ni imaginar siquiera. Usted ya no es un muchacho,] y es improbable que se atreva a destruir hasta ese extremo sus medios de vida, su personalidad...

DANIEL.– ¡Yo quiero curarme!

DOCTOR.– Usted quiere pagar y ya escogió su forma de pago. Yo soy un hombre honesto, señor Barnes. Hacerle volver, [y volver,] sería un robo. No quiero robarle su dinero.

DANIEL.– *(Después de un momento.)* No. Usted me despide porque le repugno. Pero, ¿está seguro a su vez de saber por qué [le repugno?... ¡Vamos,] confiese usted también! ¡Admita que me ha estado recriminando para atraerme al campo contrario, que es el suyo!

DOCTOR.– [Si es una pregunta de policía,] usted no ha venido aquí a hacer preguntas de policía.

DANIEL.– *(Ríe, nervioso.)* ¿Me va a decir que no estaría más dispuesto a disculpar ciertos actos si hubiera otra política en el Poder?

DOCTOR.– [Eso a usted no le importa. Pero si quiere saberlo, le diré que] no; [que] en ningún caso.

DANIEL.— *(Después de un momento, sombrío.)* Es fácil de decir. Buenas tardes. *(Se dirige al lateral derecho.)*

DOCTOR.— Señor Barnes... *(*DANIEL *se vuelve.)* Una última advertencia. Podría suceder un día que se creyese curado, a consecuencia de [haber adoptado] alguna decisión que, de momento, le pareciese suficiente... Procure no engañarse. [Le repito que] el precio a pagar ha de ser muy alto. De lo contrario, esas curaciones aparentes no duran.

DANIEL.— *(Con rencor.)* ¿Qué le debo?

DOCTOR.— Nada. Buenas tardes. *(*DANIEL *sale.* LA SECRETARIA *reaparece discretamente.)* Reconozco que no fui prudente. [Durante días, temí verme en la S. P., brutalizado para confesar yo también cualquier infundio.] Cuando a un enfermo así se le pone tanto poder en sus manos, todo puede esperarse... Pero él había adivinado [en parte:] no me porté como un buen médico a causa de la profunda repulsión que me inspiró [de pronto.] Sólo más tarde logré compadecerle también; quizá tanto como al infeliz que él había destrozado.

SECRETARIA.— Destrozado. *(Momentos antes creció la luz en casa de los Barnes. Ahora suena el timbre.* MARY *entra por la izquierda mirando su reloj, seguida de* LA ABUELA, *que trae un mantel y servilletas.* LA ABUELA *le indica que vaya a abrir mientras corre a la mesita del sofá. Deja las servilletas y el mantel, toma el florero y sale aprisa por la izquierda.)*

DOCTOR.— Premeditadamente me abstengo de comentar qué lucha política, qué actos de sedición fueron aquellos. El lector [que lo ignore] queda en libertad de imaginar que la razón estaba de parte de los sediciosos, y también de suponer lo contrario. [Sé que,] para muchos, semejante proceder escamotea la comprensión del problema, según ellos sólo alcanzable mediante el estudio de tales aspectos. Yo opino lo contrario; sólo callándolos se nos revelarán [en toda su desnudez] las preguntas que esta historia nos propone y ante las que cada cual debe meditar si es o no lo bastante honrado para no eludir las respuestas. *(*EL DOCTOR *y* LA SECRETARIA *salen por la derecha.* LA ABUELA *vuelve rápidamente y extiende el mantel sobre la mesita. Se oye la voz de* MARY.*)*

MARY.— *(Dentro.)* ¡Muchacha, te has puesto guapísima!

(Entra, seguida de LUCILA.*)* Aunque [te noto] un poco pálida, eso sí. ¿Hay ya novedades?

LUCILA.– Aún no. *(Es una muchacha muy joven, de agradable fisonomía y aire intimidado, que viste con pulcra modestia.)*

MARY.– [Las tendréis pronto, ya lo verás.] Abuela, es Lucila. Una de mis alumnas.

LUCILA.– *(Le tiende la mano.)* ¿Cómo está usted, señora?

ABUELA.– Mucho gusto, hija. [Siéntese, por favor.] En seguida vuelvo.

[MARY.– *(La detiene.)* ¡Yo iré, abuela!

ABUELA.–] Quédate tú. *(Va hacia la izquierda.)*

MARY.– ¡Siéntate, Lucila! *(*LA ABUELA *sale.)*

LUCILA.– Gracias. *(Se sienta en el sofá.* MARY *lo hace a su lado.)*

MARY.– ¡Conque ya casada! [¡Si parece imposible! Bueno: también a mí me parece imposible y ya ves.] ¿Quién es tu marido?

LUCILA.– [Es... Bueno,] está empleado en una librería y... No sé ni cómo empezar.

MARY.– *(Ríe.)* ¿Aún no has perdido la timidez, Trencitas?

LUCILA.– Es... Es muy bueno.

MARY.– *(Ríe y la besa.)* Me encanta verte feliz. [¿Qué tal os va?] ¿Os desenvolvéis bien?

LUCILA.– Nos vamos defendiendo. Yo cuido niños... Es decir, cuidaba. [No siempre sale ese trabajo. Ahora quiero entrar en un almacén.] *(Entra* LA ABUELA *con una bandeja en la que trae la merienda.* LUCILA *se levanta.)*

ABUELA.– Siéntese, hija.

LUCILA.– Con su permiso. *(Se sienta.)* No se ha debido molestar, señora [maestra].

MARY.– ¡No me llames así, que me aviejas! *(*LA ABUELA *deja la bandeja y da unos pasos indecisos.)*

ABUELA.– Yo voy adentro. Ustedes tendrán que hablar... *(Sonríe y sale.)*

MARY.– [Está algo sorda, ¿sabes?] Prefiere tomarse su leche delante de la televisión. *(Sirve.)* ¿Café?

LUCILA.– Así está bien, gracias. *(*MARY *sirve la leche.)* Dos terrones, por favor. *(*MARY *se los sirve y corta el bizcocho.)*

MARY.— Prueba este bizcocho. [Está riquísimo.] ¿O prefieres tostadas?

LUCILA.— Un poco de bizcocho. *(MARY se lo sirve.)* Gracias. *(Empiezan a merendar.)*

MARY.— [Lo que] no te perdono [es] que no me avisases de tu matrimonio. ¿También [entonces] te dio vergüenza?

LUCILA.— Como usted tampoco avisó del suyo...

MARY.— Es que a mí sí me dio vergüenza, Lucila. Ante vosotras... me creía una vieja.

LUCILA.— ¿Usted?

MARY.— Si tú supieras... [¡Déjame que yo te cuente también!

LUCILA.— *(Violenta.)* Señora maestra, yo...

MARY.— ¿Otra vez?

LUCILA.— No me acostumbro.

MARY.— Ya te acostumbrarás.] Pero, ¡come, muchacha! *(LUCILA muerde un trozo de bizcocho y lo deja.)* Así. [Ya no somos la alumna y la maestra.] Ahora somos dos amigas felices. ¿Te das cuenta, [Lucila?] No, tú no te das cuenta; a ti te han llegado las cosas a su tiempo. [Pero a mí...] ¿Tú sabías que yo tuve un novio hace muchos años?

LUCILA.— No.

MARY.— ¡Claro! Eras una niña. Y yo, [a pesar de todo, una vieja para vosotras. Porque yo he sufrido durante muchos años, hija mía. Y también vosotras me hacíais sufrir.

LUCILA.— ¿Nosotras?

MARY.—] Os veía y pensaba: crecerán, se casarán... y yo seguiré siendo la señora maestra. [Tú nunca sabrás lo que es eso, Trencitas...] Me habían matado a mi novio en la guerra. [¡Y yo tenía un ansia tan loca de vivir!] Cuando solicité la escuela pensé: estas niñas serán mis hijas. Pero no podía resignarme... Y los años se me iban junto a mi pobre padre... Y cuando él murió, me encontré tan sola... Me iba al parque con algún libro, o a los cafés. Lo conocí en un banco de un parque.

LUCILA.— ¿A su marido?

MARY.— Él notó que estaba llorando y se acercó. [Era muy afortunado con las mujeres;] yo creo que se casó conmigo por compasión. Mi enfermita —me decía—, yo te curaré... Pero yo me dije: Tú me querrás. *(Se levanta y pasea con los ojos húme-dos.)* Ahora, cuando nos sentamos [alguna vez] en aquel mismo banco, me dice: ¿Ya estás curada, enfermita? Y nos reímos... [Ya verás qué nene más rico me ha dado.] Tenemos nuestros proble-millas, pero también pasarán. ¡No hay nada que yo no sea capaz de hacer por su felicidad! *(La mira.)* No has comido nada.

LUCILA.— *(Con la cabeza baja.)* No tengo ganas.

MARY.— *(Se acerca, intrigada.)* [¿Te sucede algo?] Te noto rara... *(*LUCILA *la mira y vuelve a desviar la vista, muy turbada.)* [¡No será por lo que te he contado!]

LUCILA.— *(Sin voz.)* Yo... venía a pedirle un favor.

MARY.— *(Vuelve a sentarse a su lado.)* ¿Un favor?

LUCILA.— Ya no sé a quién recurrir... He consultado a un abo-gado, pero me aconseja que no haga nada... [Sería peor.] *(La mira, angustiada.)*

MARY.— ¿Qué te pasa?

LUCILA.— Usted siempre fue tan buena con nosotras...

MARY.— ¡Habla!

LUCILA.— *(Después de un momento.)* ¿Es verdad... que su ma-rido es miembro de la S. P.?

MARY.— *(Desconcertada.)* ¿A qué viene eso?

LUCILA.— A mi marido lo ha detenido la S. P. *(*MARY *la mira, asombrada.)* Quizá le haya oído a su esposo hablar de él... Se llama Aníbal Marty.

MARY.— Él nunca me habla de su trabajo.

LUCILA.— Lleva detenido cuarenta y dos días. Y aún no han pasado su caso al juez.

MARY.— Lucila... No puedo creer que tu marido sea uno de esos agitadores...

LUCILA.— *(Se yergue.)* Depende de lo que entienda por agita-dores.

MARY.— ¿Qué ha hecho?

LUCILA.— No lo sé. [Quieren hacerle confesar algo que dicen que él sabe.

MARY.— ¿Qué quieres de mí? ¿Que hable a mi marido para que pasen su caso al juez?

LUCILA.— *(Sonríe con tristeza.)* Es lo legal, pero sé que sería inútil pedirlo.] Yo sólo quería... *(Solloza.)* ¡A él lo tuvieron que llevar al hospital hace veinte días!

Mary.— ¡Lucila! ¡Hija! *(Le toma las manos.)*

Lucila.— [No me pregunte cómo lo sé. No debo decirlo.] ¡Y [también sé que] mañana, o quizá hoy mismo, lo vuelven a llevar a la S. P.! *(Solloza inconteniblemente.)*

Mary.— No llores...

Lucila.— Yo sólo pido que... [no sean ya demasiado duros con él...] ¡Que no me lo torturen más! *(Hunde el rostro en el pecho de ella.)*

Mary.— *(Conmovida y atónita le acaricia la cabeza.)* Cálmate. Por favor.

Lucila.— *(Intenta sobreponerse.)* Perdóneme. *(Se separa.)*

Mary.— No, hija. Si es natural. *(Breve pausa.)* ¿Has dicho torturar?

Lucila.— Sí. *(Llora.)*

Mary.— ¡No llores, te lo ruego!... ¿Quieres decir que lo han tenido algunas horas de pie, [o bajo un foco de luz] mientras lo interrogaban? *(*Lucila *la mira, asombrada.)*

Lucila.— Por eso no le habrían llevado al hospital.

[Mary.— ¿Qué?

Lucila.— ¡Pues claro!] *(*Mary *se levanta y pasea, nerviosa.)*

Mary.— *(Se vuelve.)* [Creo que eres sincera,] Lucila. [Pero] no creo que te des cuenta de lo que estás haciendo. *(Dulce.)* Porque, ¡vamos!, repara en que has venido a mi casa para decirme que mi marido tortura...

Lucila.— Yo no he dicho...

Mary.— ¡Claro que lo has dicho! Te lo perdono [porque no has dejado de ser una niña y] porque estás pasando un mal momento... Acepta un consejo, hija mía: no creas esos infundios... Tu marido se pondría enfermo y [por eso] lo hospitalizarían.

Lucila.— *(En el colmo del asombro.)* ¿Es que no sabe lo que allí pasa?

[Mary.— ¿Otra vez?

Lucila.—] *(Su expresión se endurece. Se levanta.)* [Supongo que usted también es sincera...]

Mary.— Me vas a enfadar, pequeña. Sé muy bien cómo es mi marido y él no me miente.

LUCILA.– Antes dijo que él no le hablaba de su trabajo.

MARY.– ¡De los detalles, no! Pero aquello no es lo que te figuras. *(Risueña.)* Quizá se exceden a veces y dan alguna [que otra] bofetada...

LUCILA.– *(Tenaz.)* Los destrozan.

MARY.– ¡No digas enormidades! Los someten a cierta presión física, [eso sí...] Y más que nada, psicológica...

LUCILA.– ¿Es así como usted llama a la corriente eléctrica? *(MARY se revuelve y la mira. Después va a su lado y la toma de los brazos para zarandearla con brusca familiaridad.)*

MARY.– Estás pasándote de la raya.

LUCILA.– También los meten en un baño, hasta que casi se ahogan, [una y otra vez...]

MARY.– *(La sienta de un empujón.)* ¡Siéntate! *(Y se aparta, alterada.)* Perdona. Es que... me cuesta creer que tú pertenezcas al coro de los calumniadores. [¿Qué ventaja sacáis propalando esas cosas?]

LUCILA.– [Eso. ¿Qué ventaja? ¿No comprende que es peligroso?] Si nos atrevemos a decirlo a pesar del peligro, será por algo.

MARY.– *(Corre a sentarse a su lado.)* ¡No, no! ¡Hay leyes, hay tribunales! ¡Si fuera cierto, se sabría!

LUCILA.– Hay personas empeñadas en que no se sepa. Y muchas otras... que no quieren saberlo. *(Desvía la vista.)* Como usted.

MARY.– *(Después de un momento.)* Lucila, debe verte un médico.

LUCILA.– *(Se levanta.)* [¡Cállese!] ¡No quería decírselo, pero usted me obliga a ello!] A mí me detuvieron también, ¿se entera? *(MARY se levanta. LUCILA da unos pasos muy alterada.)* ¡Y me golpearon horriblemente! *(Grita, llorando.)* ¡Y abusaron de mí delante de mi marido! *(Llora, convulsa.)*

MARY.– *(Lenta.)* Me estás mintiendo.

LUCILA.– *(La mira largamente.)* Nunca debí venir aquí. *(Va a recoger su bolso.)*

MARY.– *(Da unos pasos hacia ella.)* ¡Aguarda! *(Dura.)* ¿Estás insinuando que mi marido... puede abusar de una detenida?

LUCILA.— *(Fría.)* [Su marido] no estaba allí. Hablaron de él y pensé que podía usted ser su mujer cuando citaron su apellido... A mí no me ha hecho nada. Pero no sé lo que les habrá hecho a otras. *(*MARY *le da una bofetada.)* En comparación con aquello, duele poco... *(*MARY *se toma la mano que agredió y rompe a llorar.)* ¡Maestra!... ¿De qué? ¿De ignorancia? *(*MARY *la mira, turbada.)* [¿Quién es ahora la vieja y quién la niña?]

MARY.— Nunca pegué a una alumna. [Aunque seas una embustera, siento haberte pegado.] Olvidaré tu visita. Vete.

LUCILA.— *(Recoge su bolso.)* Yo hallaré el medio de que no la olvide.

MARY.— Calla. La puerta. *(Mira hacia el foro.)* Él dijo que no volvería... *(Entra* DANIEL.*)*

DANIEL.— No quiero interrumpir; voy adentro. Buenas tardes.

LUCILA.— No se moleste, señor. Yo ya me iba.

DANIEL.— ¿Usted es la antigua alumna de mi mujer? *(Le tiende la mano.)*

LUCILA.— *(Se la da tímidamente.)* Sí, señor.

DANIEL.— No se vaya por mí, se lo ruego. Yo desaparezco.

MARY.— Es cierto que se iba ya, Daniel.

DANIEL.— Lo siento. Vuelva siempre que pueda. Mi mujer se lo agradecerá.

LUCILA.— Buenas tardes. *(Se encamina al foro.)*

MARY.— Te acompaño. *(Salen las dos.* DANIEL *las ve marchar, intrigado. Luego saca su pistola, comprueba el seguro y la pone sobre la librería.* LA ABUELA *aparece por la izquierda.)*

ABUELA.— Hola, hijo.

[DANIEL.— Hola, mamá.

ABUELA.—] *(Va a su lado.)* ¿Y la visita?

DANIEL.— Se ha despedido. *(Se besan.)*

ABUELA.— Poco ha durado. *(*MARY *vuelve por el foro.)* ¿Quieres tomar algo? Este bizcocho está muy bueno.

DANIEL.— Gracias, mamá. No tengo ganas.

ABUELA.— Ay, Dios mío. *(Recoge todo en la bandeja.)*

[MARY.— *(Va a tomarla.)* Déjeme a mí, abuela.

ABUELA.— ¿Por qué?

MARY.—¿Y su televisión?

ABUELA.—Viene muy aburrida a estas horas.] *(Levanta la bandeja y se enfrenta con su hijo.)* [Tienes mala cara.] *(*MARY *recoge mantel y servilletas.)*

[DANIEL.—*(Toma a su madre por los brazos.)* Estoy bien, mamá. Y no me traigas ninguna tableta porque no la necesito.

ABUELA.—] ¿Quieres las zapatillas?

MARY.—Yo te las traigo. *(Va hacia la izquierda.)*

ABUELA.—*(Se vuelve a mirarla.)* ¿Eh?... ¡Ah! *(Va tras ella.* MARY *sale. Desde la puerta,* LA ABUELA *se vuelve a mirar a su hijo. Luego sale.* DANIEL *se sienta en el sofá, caviloso, y empieza a quitarse los zapatos. Se detiene y mira hacia el foro, recordando a* LUCILA. MARY *vuelve con las zapatillas, las deja a su lado, recoge los zapatos y va a salir.)*

DANIEL.—La cara de esa chica me es familiar.

MARY.—*(Lo mira.)* [No creo que la hayas visto nunca.] *(Sigue su camino.)*

DANIEL.—*(Se calza.)* ¿Hubo alguna llamada?

MARY.—[Una para mí,] de la mujer de Pozner. Insiste en que nos visitemos.

DANIEL.—Y deberías hacerlo.

MARY.—No me es simpática. *(*LA ABUELA *entra y va a quitarle los zapatos.)*

ABUELA.—Trae.

MARY.—*(Se resiste.)* Yo los llevo, abuela. *(Intenta salir.)*

ABUELA.—*(Tenaz.)* Trae... *(Le arrebata los zapatos y sale con ellos.)*

[DANIEL.—¿Y qué más te ha dicho la mujer de Pozner?]

MARY.—*(Lo mira fijamente.)* Dice que su marido está enfermo.

DANIEL.—¿Enfermo?

MARY.—Por las noches grita y se despierta. *(*DANIEL *baja la cabeza.)* Ya ves como a todos les pasa algo.

DANIEL.—*(Sobresaltado.)* ¿Qué?

MARY.—Vuestro trabajo debe de ser agotador. *(*DANIEL *vuelve a desviar la mirada.* MARY *titubea: quiere hablar y no se decide. Entra* LA ABUELA *con una labor de punto.)*

ABUELA.– Danielito está en sus glorias. ¿No entras a verlo?

DANIEL.– Ahora. *(LA ABUELA se sienta en el sofá, saca el estuche de sus gafas y se las pone para trabajar. De vez en cuando los mira.)*

MARY.– *(Va a recostarse a la biblioteca.)* [Nunca me cuentas detalles de tu trabajo.

DANIEL.– No es agradable.

MARY.–] *(Trivial.)* ¿Tenéis que pegar a los detenidos?

DANIEL.– Alguna vez no hay más remedio que apretarlos un poco.

MARY.– Ya, ya me hago cargo. *(DANIEL se levanta y echa a andar.)* ¿Dónde vas?

DANIEL.– A escribir el artículo para la revista.

ABUELA.– ¿Dónde vas? *(DANIEL le sonríe sin contestar y va hacia la izquierda. Cuando va a salir, se vuelve.)*

DANIEL.– ¡Mary! *(Ella lo mira. Él da unos pasos hacia ella. LA ABUELA los mira.)* ¿A qué ha venido esa chica?

MARY.– Después de tantos años, quería verme.

DANIEL.– ¡Ya sé dónde la he visto! En una foto de Jefatura. *(MARY deja de mirarlo y va hacia el primer término.)* [Mary, no vuelvas a recibir a esa mujer.] *(MARY se sienta, desfallecida, en el sillón del teléfono.)*

[MARY.– No pienso hacerlo.]

DANIEL.– *(Se acerca.)* Es ella la que te ha hablado del trato a los detenidos, ¿verdad?

MARY.– Yo la he desmentido.

DANIEL.– ¿De... quién te hablaba? ¿De su marido?

MARY.– Y de ella misma.

DANIEL.– De mí no, supongo. Yo estaba en el sur cuando la detuvieron.

MARY.– Justo. Ella dice que tú no estabas allí cuando tus compañeros la violaron.

DANIEL.– ¿Ha dicho eso?

MARY.– [*(Sonríe nerviosa.)* ¡Ya ves!] *(DANIEL se aparta. La voz de MARY se endurece.)* ¿Interrogas tú también a mujeres?

DANIEL.– *(Se vuelve airado.)* ¡Yo no hago esas cosas, [Mary!]

MARY.– *(Se levanta.)* ¿Y tus compañeros? *(LA ABUELA los mira.)*

DANIEL.— Algunos... son muy torpes.

[MARY.— Entonces, ¿no ha mentido?

DANIEL.— *(Turbado.)* Yo te explicaré.]

MARY.— *(Se acerca y lo toma del brazo.)* [¡Dime la verdad!] Ella parecía sincera... Ha venido a rogar... que no torturéis más a su marido.

DANIEL.— *(Por* LA ABUELA.*)* ¡Cállate! *(Se aparta, muy alterado. Se miran de lejos.* LA ABUELA *se levanta y, sin mirarlos, sale por la izquierda. Turbados, la ven salir.)* ¿Nos habrá oído? *(Se acerca a la puerta y atisba.)*

MARY.— *(En voz queda.)* ¿Puedes hacer algo por ese hombre?

DANIEL.— Sólo él puede ayudarse. Y no quiere hablar.

MARY.— ¿Qué les hacéis?

DANIEL.— *(Se vuelve).* Son criminales. Deben confesar...

MARY.— *(Horrorizada.)* Entonces, ¿es cierto?

DANIEL.— *(Da un paso hacia ella.)* Mary, no es tanto como se dice.

MARY.— *(Se acerca.)* ¿Le has hecho tú algo a él?

DANIEL.— *(Crispado.)* ¡Esa mujer no puede saber nada! ¡Todo lo que te haya dicho son [mentiras o] exageraciones! *(Sin mirarla.)* [Mary...,] es a tu marido a quien debes creer. Si te ha dicho que la violaron...

MARY.— Ha dicho que abusaron de ella.

DANIEL.— No es lo mismo... [Sufriría algún atrevimiento de mal gusto...] ¿Te ha dicho que yo le he hecho algo a su marido?

MARY.— No.

DANIEL.— ¿Lo ves?

MARY.— *(Se arroja en sus brazos, sollozando.)* ¡Te creo! ¡Te creo! *(Suena el timbre. Él se separa, inquieto. Ella lo mira y se dirige al foro.)*

DANIEL.— Mary... *(Ella se detiene.)* [No creo que sea de Jefatura, pero por si acaso...] Di que me he acostado... Que he ido al médico y no me encuentro bien. *(Ella lo mira con asombro. Él va a la izquierda y sale.* MARY *sale por el foro. Segundo timbrazo. A poco vuelve seguida de* MARSAN, *que viene con abrigo y el sombrero en la mano.)*

Mary.– Lo siento, [señor Marsan.] Vino tiritando y se ha acostado.

Marsan.– *(Que mira sonriente a todos lados.)* Ya lo sé. Avisó de que no podría ir esta tarde. [Bueno... Supongo que lo visitará nuestro médico.] ¿Puedo verle?

Mary.– Está dormido...

Marsan.– *(Ríe.)* Suerte que tiene. *(Cruza hacia el sillón.)* Si me diera una copa, se lo agradecería. ¡La necesito de veras! *(Se sienta con el mayor desenfado.)*

Mary.– *(Fría.)* El caso es que yo iba a salir ahora mismo.

Marsan.– *(Se levanta.)* ¡Magnífico! ¿Me permite que la acompañe?

Mary.– *(Contrariada.)* ¿Cree que estaría bien?

Marsan.– *(Se acerca.)* ¿Por qué no? Yo no tengo prejuicios.

Mary.– Yo, sí.

Marsan.– Y... ¿son muy fuertes, señora Barnes?

Mary.– ¿Qué quiere decir?

Marsan.– *(Se acerca algo más.)* No puede imaginar cuánto me gustaría que no lo fuesen.

Mary.– *(Se aparta un paso.)* No le entiendo.

Marsan.– Me entiende desde la primera vez que vine a esta casa.

Mary.– Marsan, haga el favor de salir.

Marsan.– *(Le tiembla la voz.)* [La vida ofrece pocas cosas agradables, Mary.] No me diga que es feliz con su marido: eso nunca es cierto. *(Avanza.)*

Mary.– *(Retrocede.)* ¡Salga!

Marsan.– Hay algo en usted... irresistible. Algo que no tienen las demás.

Mary.– ¡Es intolerable que en mi propia casa [se atreva usted a]...!

Marsan.– *(Fuerte.)* ¡Yo soy muy terco, Mary! Usted lo pensará.

Mary.– ¡Váyase ahora mismo! *(Entra Daniel y lo mira duramente.)*

Daniel.– Espera. Iremos juntos. *(Un silencio embarazoso.)* [Marsan.– ¿No estabas acostado?

DANIEL.— Ya me encuentro mejor.]

MARSAN.— *(Rompe a reír de pronto.)* No pongas esa cara, hombre... He bromeado con tu mujer porque sabía que estabas escuchando. [Y que saldrías. Le pido] mil perdones, señora.

DANIEL.— ¡Marsan, tú sabes que no podemos pegarnos como dos matones de taberna! El comisario Paulus tendrá que resolver el asunto.

MARSAN.— *(Frío.)* Mejor será que no le digas nada a papaíto y yo tampoco le diré que tratabas de eludir el trabajo. No quiero perjudicarte: [mi objetivo era que volvieses a Jefatura y eso me basta.] *(La luz crece en la oficina de la S. P.)*

DANIEL.— *(Da un paso hacia él, iracundo.)* [¡Estás mintiendo!] *(Arriba, el comisario PAULUS entra por la puerta del foro y aguarda, recostado en la mesa.)*

[MARSAN.— ¿Sí? Entonces le contaremos todo a Paulus, y veremos a quién cree.]

DANIEL.— *(Se contiene, va a la librería y recoge su pistola.)* Vamos a Jefatura. *(Se dirige al vestíbulo.)*

MARY.— Es cierto que está enfermo, señor Marsan.

MARSAN.— No lo dudo, señora. Buenas tardes y perdone de nuevo. *(Pasa ante DANIEL y sale. Angustiada, MARY corre al lado de su marido y lo besa con ardor.)*

DANIEL.— Adiós. *(Sale a su vez. MARY vuelve al primer término, con la cara descompuesta. Abstraída, se apoya en el sillón. Por la escalerilla de la izquierda suben a la oficina POZNER y LUIGI conduciendo a MARTY, que camina con dificultad. Ahora trae chaqueta. Su aspecto ha mejorado algo, pero su expresión es ya la de un absoluto anonadamiento. POZNER se dispone a quitarle las esposas.)*

PAULUS.— No le quite las esposas.

LUIGI.— Hágame caso, jefe. La bañera y la corriente a un tiempo. Eso ya no lo aguanta.

PAULUS.— *(Se acerca a MARTY.)* ¿Qué te crees, imbécil? ¿Que ya no hay nada peor? ¡Te engañas! Ya no eres más que un guiñapo, y a los guiñapos se les hace trizas [y se les tira a la basura.] ¿Vas a hablar? *(El preso no se mueve. Aunque no los oye, parece como si MARY intuyese la escena lejana. Con*

*un brusco movimiento intenta sacudir su obsesión; va al centro
de la sala y se detiene de nuevo, turbada.)*

[POZNER.— Empezamos cuando quiera, jefe.

PAULUS.— *(Mira su reloj.)* Marsan tarda.

LUIGI.— Ahí sube.] *(Suben por la escalerilla de la izquierda*
MARSAN *y* DANIEL.*)*

MARSAN.— Aquí estamos ya. *(Va a dejar su abrigo y su sombrero en la percha. El detenido mira lentamente a* DANIEL, *que
desvía la mirada.)*

PAULUS.— Llévenlo [ustedes dos] adentro. *(*POZNER *y* LUIGI
salen con* MARTY *por el foro y cierran.* DANIEL *va a dejar su
sombrero en la percha.)* ¿Qué te pasa, Daniel? *(*DANIEL *se
vuelve, titubeante.)*

MARSAN.— *(Se adelanta, rápido.)* Depresión. Pero [dijo que
se encontraba mejor y] se ha empreñado en venir. *(*MARY *sale
bruscamente por la izquierda. La luz se extingue en casa de los
Barnes.)*

PAULUS.— Que te vea luego el doctor Clemens. Vamos. *(Se
encaminan al foro. Suena el teléfono.* PAULUS *lo toma.)* Diga...
Sí, doctor. Acabo de subir a Marty... Eso es cosa mía, ¿no le
parece?... ¡Está bien, tendremos cuidado!... [Ya, ya sé que me
avisa en mi propio beneficio.] *(*EL DOCTOR VALMY *aparece por
el primer término izquierdo del escenario y su* SECRETARIA, *con
lápiz y cuaderno, por el derecho.* EL DOCTOR *trae un libro en
rústica, con el que juega distraídamente.)* [Está bien, gracias.]
Adiós. *(*PAULUS *cuelga y se oprime, abstraído, los ojos con los
dedos. Luego mira a* DANIEL.*)* ¿Tu madre sigue bien?

DANIEL.— Sí, señor. Muchas gracias. [Le envía sus recuerdos.]

PAULUS.— [Gracias.] *(Abre la puerta del foro y sale, seguido
de* MARSAN *y* DANIEL. *La puerta se cierra y queda fuertemente
iluminada, mientras el resto de la oficina vuelve a la penumbra. La luz crece en el primer término.)*

DOCTOR.— Tras la puerta [del cuartito] sonarían gritos durante [toda] la noche; y quizá en este momento, lector, algún
otro desdichado grita allí dentro. Pero la inconsciencia nos
vuelve tan sordos como a la madre de mi paciente. *(Cruza hacia la derecha.)* [Su hijo sí los oyó durante la noche entera; él

era uno de los que los provocaban.] Las horas pasaron... *(Calla un momento, mirando la puerta.)* Hasta que, de madrugada, sucedió algo. *(La luz vuelve a la oficina. La puerta se abre bruscamente y entra* PAULUS, *que se precipita al teléfono. Mientras marca y espera,* LUIGI *aparece a su vez.)*

LUIGI.— Mala suerte, jefe. *(Entran entonces* MARSAN *y* POZNER, *conduciendo, medio desvanecido, a* DANIEL. *Todos están en mangas de camisa, con los cabellos revueltos; cansados.)*

PAULUS.— ¿Doctor Clemens?... ¡Pues despiértelo!... ¡Comisario Paulus! *(Mira al grupo, que avanza.)* ¿No se reanima?

MARSAN.— Es una damisela.

PAULUS.— *(Irritado.)* ¡No tolero comentarios! [cuando yo deposito en alguien mi confianza sé lo que hago, ¿estamos? Llevadlo.]

MARSAN.— *(Murmura.)* Ya se convencerá, jefe. *(*POZNER *y él bajan por la escalerilla de la izquierda llevando a* DANIEL.*)*

PAULUS.— [Oiga], Clemens. Suba inmediatamente con algún tónico cardiaco. [Hemos tenido un percance... sí, sí, con] el detenido. Está sin pulso... ¡Ya sé que me lo avisó! ¡Dése prisa! *(Cuelga. Mira a* LUIGI *y le indica que le siga. Salen los dos por la puerta del foro, que cierran. La luz se extingue en la oficina.)*

DOCTOR.— [He escrito ya que] a los pacientes de la anterior historia se les relató esta segunda sin ahorrar pormenores. [Ya sabemos cuál fue el resultado...] También [a ellos] les insté a leer el libro que la mujer de mi cliente recibió un día. *(Hojea el libro que traía.)* Ese día fue decisivo. [Después del percance en Jefatura], a mi paciente le concedieron una semana de descanso. El libro llegó dos días antes de terminar su permiso. *(La luz ha vuelto a la casa de los* BARNES. EL DOCTOR VALMY *y su* SECRETARIA *se sientan en la penumbra de su rincón. En el sillón del teléfono,* DANIEL, *en batín, lee un periódico con aire ausente.* LA ABUELA *entra por la izquierda y va a poner unos pañales en el radiador. Luego mira a su hijo, que no se ha movido.)*

ABUELA.— No verás.

[DANIEL.— ¿Eh?... No leía.

ABUELA.—] Ya está oscureciendo. *(Va a la lámpara y la en-*

ciende. Se cala las gafas y saca del delantal un papel de estraza roto y arrugado, que examina a la luz.)

DANIEL.— *(Mira su reloj.)* [Las ocho y diez.] *(Irritado, tira el periódico sobre la mesita.* LA ABUELA *va a recogerlo.* DANIEL *se levanta y pasea, impaciente.)* ¿A qué hora se fue?

ABUELA.— *(Que le hizo pabellón a la oreja con la mano.)* [Ya te lo he dicho:] nada más echarte la siesta. Iba a comprarte las camisas. *(Va al sofá, deja el periódico en la mesita y vuelve a mirar el papel de estraza bajo la luz.)*

DANIEL.— Habíamos quedado en salir [por la tarde,] como todos estos días... *(Va entre tanto a la librería para buscar un libro cualquiera.)* [¿Qué estás mirando?]

ABUELA.— *(Deniega pausadamente.)* Este libro no era para ti. *(Le mira.)*

DANIEL.— *(Deja de buscar.)* ¿Qué libro?

ABUELA.— El que llegó esta manaña.

[DANIEL.— ¿Esta mañana?

ABUELA.— Tú estabas durmiendo. Creo que] Mary dijo que era para ti.

DANIEL.— No me ha dicho nada. *(Busca en la librería.)* [Y aquí no veo ninguno nuevo...

ABUELA.— *(Trivial.)* Se lo habrá llevado.

DANIEL.— *(Incrédulo.)* ¿Por qué?

ABUELA.— Ella es muy rara, ya lo sabes.

DANIEL.—] *(Va a su lado.)* ¿Qué libro era?

ABUELA.— ¿Eh?... No pude verlo de cerca. Fue [en seguida] a tirar el envoltorio y después, ya no lo vi. *(Le tiende el papel.)* Este es el envoltorio. *(*DANIEL *lo toma y se sienta bajo la luz para mirarlo. De pronto levanta la cabeza y escucha hacia el foro. En seguida oculta el papel a su espalda.* MARY *aparece por el foro con su bolso y una caja de cartón.* LA ABUELA *recoge el periódico de la mesita y va a sentarse, rodeándola, al lado de su hijo.)*

MARY.— Perdona, Daniel. Se me ha hecho muy tarde. *(Deja la caja en la mesita y cruza para dejar su bolso sobre la librería.)* Hola, abuela. *(Vuelve junto a la caja.)* ¿Quieres ver las camisas?

DANIEL.— Luego. ¿Por qué has tardado tanto?

MARY.– [Me encontré con] una antigua amiga.

[DANIEL.– ¿Quién?

MARY.– No la conoces.] Me invitó a merendar y se nos ha ido el tiempo. Voy a ver al nene. *(Sale con la caja por la izquierda.* DANIEL *acerca el envoltorio a la luz.)*

ABUELA.– *(En voz queda.)* Pone señora Barnes, ¿no?

DANIEL.– Sí. [Y el remitente es ilegible...] *(Sonríe, nervioso.)* ¡Cuánto misterio! *(Arruga el papel, pensativo, y se lo tiende a su madre.)*

ABUELA.– ¿Lo dejo en el cubo? *(*DANIEL *asiente.* LA ABUELA *disimula el papel entre sus ropas, se levanta y se dispone a salir.)*

DANIEL.– Mamá.

ABUELA.– [¿Eh?] ¿Has dicho algo? *(*DANIEL *se levanta, llega a su lado y le habla al oído.)*

DANIEL.– [Ya verás como no tiene importancia. Por eso no me lo habrá dicho.] *(Sin mirarla.)* [Hazme un favor]: dile que venga y tú quédate por ahí dentro. [¿Quieres?]

ABUELA.– *(Sonríe.)* Bueno. *(Sale. Él vuelve al fondo. Toca un momento el bolso y piensa en abrirlo. Al fin se sienta en el sofá y toma el periódico.* MARY *vuelve.)*

[MARY.– ¿Querías algo?

DANIEL.– ¿Cómo está el niño?]

MARY.– [Muy tranquilo.] Si quieres, salimos.

DANIEL.– ¿Para qué? De nada me ha servido distraerme.

MARY.– *(Va a la librería.)* Porque no haces más que pensar... *(Toma el bolso y vuelve sobre sus pasos.)*

DANIEL.– Hazme un poco de compañía, mujer.

[MARY.– Es que...

DANIEL.–] ¿No quieres estar conmigo?

MARY.– Qué tontería. *(Suspira, vuelve a dejar el bolso y toma un libro cualquiera. Luego se sienta junto a su marido y lo abre.)*

DANIEL.– [¿Qué libro es ése? *(*MARY *se lo enseña.)*] Esa novela ya la has leído. ¿Por qué no lees el libro que recibiste esta mañana? *(Ella lo mira, muy pálida.)* ¿O no has recibido ningún libro? *(Ella desvía la vista.)* [¿No contestas?]

MARY.– Sí. Lo he recibido.

DANIEL.— *(Dulce.)* ¿A dónde estamos llegando, Mary?... No tiene nada de particular recibir un libro. A no ser que...

MARY.— ¿Qué?

DANIEL.— ¿Está dedicado? ¿Algún admirador?... *(MARY lo mira, estupefacta.)* [No me mires así.] En mi situación... debemos comentar serenamente hasta esa posibilidad. *(MARY no puede evitar una risita nerviosa y se pasa la mano por la cara.)* No me gusta esa risa, Mary.

MARY.— El libro está en el bolso.

DANIEL.— *(Seco.)* Gracias. *(Se levanta y va a la librería.)*

MARY.— Me lo he leído entero en un café. Por eso he tardado tanto.

DANIEL.— *(Abre el bolso.)* ¿Quién te lo ha mandado?

MARY.— No lo sé.

DANIEL.— [Ya me lo dirás.] *(Saca el libro. Lee la portada.)* «Breve historia... *(La mira.)* ¡Cómo!

MARY.— ... de la tortura.» [«Breve historia de la tortura.» El autor es extranjero.] *(Él hojea el libro bruscamente.)* Como ves, trae muchas ilustraciones. Y [es horriblemente completo.] Llega hasta nuestros días.

DANIEL.— *(Fuera de sí.)* ¿Quién te ha mandado esto?

MARY.— ¿No lo sospechas?

DANIEL.— ¡Es un libro repulsivo!

[MARY.— Está lleno de documentos. Es veraz.

DANIEL.—] ¿Cómo se pueden publicar estas cosas?

MARY.— ¿Cómo se pueden hacer?

DANIEL.— ¡Literatura sensacionalista! ¡Engañabobos! *(Arroja con furia el libro sobre la mesita y se aparta.)*

MARY.— [¡Sólo te tengo a ti], Daniel! [¡Y] quiero creerte! [Ya no habrá más mentiras entre nosotros, ¿verdad?] *(Se levanta y va a su lado.)* [¡Yo sé que] tú no puedes haber hecho esas cosas! Se las estás viendo hacer a ellos y tienes que callar. [Es eso lo que te pasa,] ¿verdad? *(Lo abraza.)* ¡Mírame! *(Él lo hace.)* Esos ojos son puros, son buenos... [No; tú no eres como ellos. ¡Si lo sabré yo!...] Pero... ¿cómo has podido colaborar con esas fieras? [¿Te resultó difícil abandonarlas cuando te diste cuenta?] ¡Pobre mío, lo que habrás sufrido! ¡Yo te ayudaré a salir de ese pozo! Ahora que ya nada nos ocultamos, lo lograremos. *(Solloza en sus brazos.)* ¡Lo lograremos, Daniel!...

DANIEL.— *(Débil.)* Vivimos una época terrible, Mary. Ellos [no] son [más que]... ejecutores. Si son culpables, toda la sociedad es culpable. *(Se desprende y va al sillón.)*

MARY.— *(Asombrada.)* ¿Los justificas?

DANIEL.— No lo hacen por crueldad. Los detenidos tienen que confesar. *(Se sienta y esconde la cabeza entre las manos.)*

[MARY.— ¿Por cualquier medio?

DANIEL.— ¡Tienen que confesar!]

MARY.— ¿Mentiras?

[DANIEL.— *(La mira.)* ¿Cómo, mentiras?

MARY.— ¡Les hacen confesar mentiras!]

DANIEL.— ¿También dice eso el libro?

MARY.— También.

DANIEL.— *(Después de un momento.)* Ellos piensan que... son enemigos a los que no se puede dar cuartel... Que lo demás importa poco. *(Un silencio. MARY lo mira fijamente.)*

MARY.— *(Se reclina en el respaldo del sillón.)* Daniel, es la crueldad. El libro dice que se ha torturado en todas las épocas, pero no sólo para arrancar confesiones. [¡Es espantoso!] ¿Te imaginas? Millones [y millones] de torturados: ojos reventados, lenguas arrancadas, empalados, lapidados, azotados hasta morir; descuartizados, crucificados, enterrados vivos... Quemados vivos... ¡Y no era para obligarlos a hablar! ¡Eran castigos, [eran] sacrificios a los dioses! Y ahora mismo... [¡Ah, no quiero ni pensarlo!] ¿Qué están haciendo [ahora mismo] en tu Jefatura? *(Fuerte.)* ¿A qué dios espantoso estáis sacrificando?

DANIEL.— Mary, por favor...

MARY.— *(Exaltada, señala al libro.)* ¿Sabes lo que era el toro de bronce? Metían a un hombre dentro y encendían fuego debajo. El toro bramaba... ¿Y la doncella de bronce? Por fuera, la estatua de una novia... [Era una boda] atroz. El novio moría lentamente, atravesado por pinchos, en la oscuridad de aquella tumba de metal... Y las cosas odiosas, repugnantes, que les han hecho a las mujeres... [Pechos cortados, violaciones...] *(Él se levanta, tenso.)* ¡Es el mal por el mal, [la borrachera de la sangre,] el cobarde y sucio deseo de martirizar a seres indefensos!

DANIEL.— ¡También en otros tiempos fue la sociedad entera! ¡También fueron todos culpables!

MARY.— ¡Todos no! ¡Siempre hubo quienes lo condenaron! Y muchos, [muchísimos] que procuraron evitarlo. *(Dulce.)* Como tú... Cómplice a la fuerza, como yo he sido cómplice por ignorancia... Pero eso va a terminar, Daniel. [Tienes que abandonarlos.] ¡Mañana mismo pides la excedencia! Yo volveré a mi escuela entre tanto; ya encontraremos otro medio de vivir. ¿Quieres? *(La luz creció en el lateral derecho. EL DOCTOR VALMY está sentado y dicta a su SECRETARIA, sentada en la silla contigua. Mientras habla, MARY y DANIEL permanecen absolutamente inmóviles, paralizados en sus gestos y actitudes.)*

DOCTOR.— ¡Si se pudiera detener el tiempo! Lo necesario [para reflexionar,] para no arrepentirnos después de nuestro arrebato. En el seno de una pareja humana, la mentira es un gusano que pudre los lazos que la unen. Pero [quizá,] cuando ha roído demasiado, es ya peor descubrir la verdad. Como médico, yo le habría dicho [en aquel momento] a mi paciente: ¡No diga nada! Pero el ansia de confesar y de anegarse en la pobre ternura de su mujer le arrastraban como una marea poderosa. Porque el tiempo son nuestros impulsos; el tiempo somos nosotros y no es posible detenerlo.

SECRETARIA.— Y no es posible detenerlo. *(La luz decrece en el lateral hasta dejar en penumbra al DOCTOR y su SECRETARIA.)*

MARY.— *(Repite.)* ¿Quieres?

DANIEL.— *(Después de un momento, sin mirarla y muy nervioso.)* Fui a ver al doctor Valmy.

MARY.— ¿Qué?

DANIEL.— [La víspera de mi permiso.] Encontró la causa de lo que me sucede.

MARY.— *(Temblando.)* Sigue.

DANIEL.— Es... una especie de autocastigo, [¿comprendes?]

MARY.— ¿Por tu complicidad?

DANIEL.— Por algo más que eso.

MARY.— ¿Por qué?

[DANIEL.— Quisiera... que lo hubieses adivinado ya.
MARY.— ¡Habla!]
DANIEL.— [Tuve que ejecutar... algo atroz, Mary.] El marido de tu amiga no hablaba. Y Paulus me ordenó presionarle... de un modo espantoso.
MARY.— *(Horrorizada.)* ¿Tú?
DANIEL.— Sí.
MARY.— ¿Tú también?
DANIEL.— Sí. *(*MARY *se apoya en el brazo del sillón, sin fuerzas.)*
MARY.— ¿Qué le hiciste?
DANIEL.— Lo peor que se le puede hacer a un hombre.
MARY.— No entiendo.
DANIEL.— Imagina lo peor. Y [por hacerlo...,] algo dentro de mí me ha castigado... dejándome en el mismo estado en que yo le dejé a él. O alguien... Porque hay otro hombre dentro de nosotros, que nos castiga. [Otro hombre.] *(Mirándolo con ojos empavorecidos,* MARY *gime sordamente. Después se sienta con dificultad en el sillón y cierra los ojos.)* Mary, soy despreciable. [He pensado mucho en estos días y tampoco a mí me valen ya las justificaciones.] Pero quiero decirte que estoy arrepentido. Asqueado de mí mismo, como tú no puedes imaginar. *(Da unos pasos hacia ella. Se apoya en el sillón. Musita.)* Ayúdame a ser ese otro hombre que hay dentro de mí. [Yo tampoco tengo otra cosa en el mundo que tú.] *(Se atreve a cogerle una mano.* MARY *está llorando.)*
MARY.— *(Débil, sin mirarlo.)* Deja la profesión.
DANIEL.— Lo intentaré, Mary. [Algo haré... para salir de este pozo.]
MARY.— Te espera una larga penitencia.
DANIEL.— *(Con enorme timidez.)* ¿Querrás vivirla a mi lado? *(*MARY *gime y oculta la cara en las manos. Comienza a oírse el tarareo de* LA ABUELA, *que se acerca. Viene canturreando la canción del «Finus».* DANIEL *se yergue, disimulando.* LA ABUELA *entra, los mira y va hacia el radiador.)*
ABUELA.— Danielín está empapado. Voy a cambiarle el pañal. *(Toma un pañal, que palpa.* MARY *eleva lentamente la*

cabeza.) [He tenido que lavarlo y echarle talco.] De tanto pis tiene muy escocidas sus cositas. *(De pronto,* MARY *grita. Es un gemido prolongado, que crece hasta convertirse en un alarido estremecedor.* DANIEL *corre a su lado.* LA ABUELA *se detiene.)*

DANIEL.– ¡Mary!

MARY.– ¡También a los niños, Daniel! ¡A los niños!

DANIEL.– ¡Mary, por favor!

ABUELA.– *(Avanza.)* ¿Qué le pasa?

MARY.– *(Convulsa.)* ¡Sacrificaban niños en la gehena! ¡Los quemaban vivos!

DANIEL.– *(La sujeta.)* ¡Mary!

MARY.– ¡Mientras tocaban un gran tambor para ahogar sus gritos!

DANIEL.– ¡Cálmate!

MARY.– *(Grita.)* ¡Ah! [¡Para ahogar sus gritos!] *(Grita otra vez, mientras su marido forcejea para incorporarla.)*

ABUELA.– *(Mientras la sujeta por el otro brazo.)* ¡Mary, hija!

MARY.– ¡Cómo gritarían! ¡Cómo gritaría ese niño que desgajaron por las piernecitas, en un campo de concentración!

DANIEL.– ¡Mary, Mary! *(Intenta en vano dominarla.)*

MARY.– ¡Ante su madre!... *(Grita todavía una, otra vez. De pronto, se desvanece.* DANIEL *la toma en brazos y sale aprisa con ella por la izquierda, al tiempo que suena, muy lejos, el Nocturno de Chopin.* LA ABUELA *los ve salir, turbada. Después mira a su alrededor y ve el libro. Se acerca a la mesa mientras saca sus gafas y se las pone. Levanta el libro, lee la portada; lo abre y contempla algún grabado. Vuelve a cerrarlo y mira al vacío con ojos absortos.* LA SECRETARIA *sigue escribiendo.* EL DOCTOR *no se ha movido.)*

TELÓN

PARTE SEGUNDA

(«Twist» trepidante en el piano. El telón se alza sobre el escenario en penumbra. La luz crece en la oficina. DANIEL sube por las escalerillas de la izquierda. Al ver que no hay nadie, titubea y se acerca a la puerta del foro para escuchar. Casi decidido a abrirla, se arrepiente. Al fin se sienta en el sofá y enciende, nervioso, un cigarrillo. Una pausa. El piano calla bruscamente y la puerta del foro se abre. PAULUS entra y cierra. DANIEL se levanta.)

PAULUS.—[¿Ya de vuelta?] *(Le da la mano.)* ¿Qué tal esa semana de descanso?

DANIEL.—*(Sonríe, inmutado.)* Corta.

PAULUS.—*(Ríe y va hacia la mesa, donde deja unos papeles.)* Pero nuevo como un reloj, ¿eh? Me alegro. *(Se sienta y examina papeles.)* ¿Tu madre sigue bien? ¿Tu mujer? ¿Tu chico?

DANIEL.—[Todos] muy bien. Gracias.

PAULUS.—Vienes a tiempo. [Volski aún no ha vuelto del sur y] hemos practicado nuevas detenciones. [Tuvimos una confidencia del exterior y ahora estamos cerca de la cabeza.] *(DANIEL se acerca y apaga el cigarrillo en un cenicero.)* ¡Siéntate! *(DANIEL lo hace.)* Nos vendría bien un éxito, ¿sabes? El percance con ese idiota de Marty sentó muy mal arriba.

Pero... *(Busca entre las carpetas y toma una.)* Lo mejor será que te leas esto. *(Se la da.)* [Estúdialo y vuelves esta noche.] *(Se levanta.* DANIEL *lo imita.)* Fíjate [bien] en todo lo relacionado con un tal Gauss; ése será tu hombre.

DANIEL.— ¿Está ya detenido?

PAULUS.— Claro. *(Lo toma con afecto por los brazos.)* Bueno, hijo. Aquí otra vez. ¿Quieres saludar a tus compañeros?

DANIEL.— A la noche los veré.

PAULUS.— *(Lo lleva a la salida.)* Ya sabes: a las once. Y bienvenido. *(Lo deja y va hacia el foro.)*

DANIEL.— *(Con dificultad.)* Señor Paulus. *(El comisario se vuelve instantáneamente y lo mira con frialdad; se diría que esperaba la llamada.)*

PAULUS.— Dime.

DANIEL.— [Señor Paulus, yo] quisiera pedirle un [gran] favor.

[PAULUS.— ¿Y es?

DANIEL.—] *(Se acerca.)* Verá, [jefe... Apenas he descansado en estos días... y] me sigo encontrando bastante mal.

PAULUS.— Tu aspecto no es malo.

[DANIEL.— Estoy agotado.

PAULUS.— El doctor Clemens no te encontró nada especial...] ¿Cuál es el favor?

DANIEL.— Si pudiera concederme una licencia...

PAULUS.— ¿Por cuánto tiempo?

DANIEL.— [En principio... ilimitada.] Hasta que me encontrase bien del todo. *(Un silencio.* PAULUS *lo considera y va, lento, a sentarse a la mesa. Desde allí vuelve a mirarlo fijamente.)*

[PAULUS.— Siéntate. *(*DANIEL *lo hace.* PAULUS *mira su reloj y dedica una ojeada a la puerta del fondo.)* Hace seis meses Dalton estuvo enfermo, ¿te acuerdas? Cada cuatro horas tenía que bajar a que le inyectasen; de vez en cuando se tumbaba en ese sofá, vencido por la fiebre... Y no quiso dejar el trabajo.

DANIEL.— No pretendo compararme con nadie.]

PAULUS.— [¡Pero yo sí! Tú vales más que Dalton. ¿Qué te

pasa? *(Un silencio.)*] Daniel, tienes una hoja de servicios excepcional y quizá el ascenso está cerca... No permitas que se propale lo que ya piensan algunos.

DANIEL.— ¿El qué?

PAULUS.— Pues que el viejo se equivocó, que eres mi favorito sin merecerlo... [¡No consientas que te pisen el terreno!] ¡Demuéstrales quién eres! [Yo te entiendo, muchacho.] Estás pasando un momento de flaqueza. De eso nadie está libre, pero se sale adelante. [Agárrate a mi mano y te será más fácil.] *(Se levanta.)* Ea, no lo pienses más. Estúdiate eso y hasta la noche.

DANIEL.— *(Que se ha levantado también.)* Es usted muy bueno, señor Paulus. [Se lo agradezco muchísimo, créame.]

PAULUS.— *(Ríe.)* Sabía que no me ibas a decepcionar.

DANIEL.— De todos modos...

PAULUS.— ¿Qué?

DANIEL.— Aunque sólo fuesen unos días más... ¡Mire mis manos!... Están temblando... [Quizá soy más débil de lo que usted cree.] *(*PAULUS *vuelve a sentarse lentamente.* DANIEL *permanece de pie.)*

PAULUS.— *(Sin mirarlo.)* En momentos más tranquilos podría concederte esa licencia. Ahora [sabes que] es imposible, [que] incluso tu semana de permiso [fue una debilidad, y] ya me la han criticado... Somos pocos para todo lo que hay que desarticular y aplastar. ¡Te necesito! [¿Insistes en tu petición?]

DANIEL.— Créame que no tengo otro remedio.

PAULUS.— *(Mira su reloj. Le mira.)* Bien. Hasta ahora te ha hablado el amigo. Ahora te habla el superior. Denegada la petición. Puedes retirarte.

DANIEL.— *(Después de un momento.)* No sé si podré resistirlo.

PAULUS.— *(Irritado.)* [Pero, ¿a qué viene esa terquedad?] *(Se levanta.)* [Te voy a hacer] una advertencia, muchacho. En momentos como este, no resistir es simpatizar con el enemigo.

DANIEL.— ¿Qué?

PAULUS.— [¡Lo que has oído!] *(Rodea la mesa y va a su*

lado.) ¿Crees que no sé lo que te pasa? De repente, esos imbéciles te dan lástima. [Pero si estuvieran en nuestro puesto no serían menos duros.] Luego simpatizas con ellos.

DANIEL.— ¡Usted sabe que no!

PAULUS.— ¡Yo ya no sé nada, hijo! [De pronto, ves que son humanos. Eso no podría suceder si recordases cómo las gastan y el peligro que representan para todos.] Así que ten cuidado. No podemos amparar a los cansados [ni a los sospechosos de inconsecuencia,] porque entre ellos podrían nacer los traidores.

DANIEL.— ¡No puede llevarlo a ese extremo! [¡Son cosas muy distintas!

PAULUS.— ¿Sí? *(Pero le interrumpe la apertura de la puerta del foro.]* LUIGI *y* MARSAN *entran en mangas de camisa.)*

LUIGI.— Perdone, jefe. Acaba de dar una dirección y hay que ir en seguida.

PAULUS.— ¿No será otra mentira?

LUIGI.— Hay que comprobarlo.

PAULUS.— Llévese a Dalton. *(A* MARSAN.*)* Y usted siga apretando. Ese miente mucho.

MARSAN.— Sí, jefe. Bienvenido, Barnes. *(Sale y cierra.* LUIGI *ha descolgado entre tanto su chaqueta y se la pone.)*

LUIGI.— Me alegra verte, muchacho. *(Le da la mano a* DANIEL.*)* Hasta la noche, ¿no? *(Le da una palmada en el hombro y sale aprisa por la escalerilla de la izquierda.* PAULUS *se pasa los dedos por los ojos, pensativo. Da unos pasos hacia el foro, se detiene y se vuelve.)*

PAULUS.— ¿Qué haces aquí todavía?

DANIEL.— Le decía, señor Paulus, que me ha entendido mal...

PAULUS.— Te entiendo muy bien y te he dicho que no te descuides. *(Se acerca y baja la voz.)* Nadie está libre de encontrarse un día entre los detenidos. [Y ya ves cómo tenemos que tratar a los detenidos...]

DANIEL.— *(Sobresaltado.)* ¿Es una amenaza?

PAULUS.— Al contrario: vuelvo a excederme en tu favor. No quisiera verte en el lugar de esos desdichados.

DANIEL.– No habría ningún motivo para verme en él, salvo el que ustedes quisieran inventarse.

[PAULUS.– ¿Inventarnos?

DANIEL.– Entiéndame...]

PAULUS.– ¿No reparas en que tu lenguaje se parece [extrañamente] al de ellos, cuando niegan? [Estoy enfermo, ustedes inventan...]

DANIEL.– ¡No es el mismo caso!

PAULUS.– ¿De veras? *(Va a sentarse.)* Entonces no tendrás inconveniente en explicarme por qué Lucila Marty estuvo en tu casa hace ocho días. *(DANIEL retrocede un paso, mudo de asombro.)*

DANIEL.– [¿Está loco?... Ella...] es una antigua alumna de mi mujer...

PAULUS.– Ya lo sé.

DANIEL.– *(Se acerca a la mesa y deja la carpeta, inclinándose hacia el comisario.)* [Entonces, ¿de qué está hablando?] Ella quería interceder por su marido...

PAULUS.– Nada nos dijiste.

DANIEL.– ¡Esto es ridículo! Si un policía no tiene la [razonable] seguridad de estar por encima de toda sospecha, nadie querrá serlo.

PAULUS.– Al contrario. Sólo cuando sabe que también él puede ser sospechoso cumplirá con el debido celo. *(Se levanta y va a su lado.)* [Tenlo muy en cuenta.] *(Coge la carpeta y se la tiende.)* [Y ahora toma la carpeta.] No has perdido mi confianza; sucede simplemente que vigilamos. *(DANIEL coge la carpeta.)* Hasta la noche. *(Se encamina rápidamente al foro, abre la puerta y sale, cerrando. EL DOCTOR VALMY aparece por el lateral derecho. Un foco empieza a iluminarlo. DANIEL se pasa la mano por la cara y se encamina a la escalerilla de la izquierda, por donde baja. La luz se extingue arriba.)*

DOCTOR.– Así, poco más o menos, debió de ser la entrevista. No me la contó ella; [lo supe, como otros detalles de la historia, más tarde.] Ella vino [días después] a contarme otras cosas. El caso es más frecuente de lo que el profano cree; un enfermo nos confía algo y luego vemos en nuestra consulta al otro protagonista de la historia. A veces, eso nos ayuda a curar. [Pero en esta ocasión, ¿qué podía hacer yo?] *(La luz creció en el lateral.* MARY *está sentada en el sillón.* EL DOCTOR *se acerca.)*

[MARY.– ¿No le estoy cansando?

DOCTOR.–] *(Se sienta en la silla.)* [No tengo prisa.

MARY.– ¡Pero usted] no le dirá a mi marido que vine a verle!

DOCTOR.– [Claro que] no.

MARY.– ¿Qué puedo hacer, doctor?

DOCTOR.– Sus malestares pueden vencerse hasta cierto punto. Pero está atravesando una situación muy negativa. ¿Cuándo fue [exactamente] la primera vez que necesitó gritar?

MARY.– Cuando me confesó lo que había hecho.

DOCTOR.– [¿Fue] usted [quien] le animó a pedir la licencia?

MARY.– Le dije que pidiera la excedencia.

[DOCTOR.– ¿Confiaba en que se la dieran?

MARY.– Quería creerlo.]

DOCTOR.– ¿Fue después de saber el resultado cuando sintió las primeras náuseas?

MARY.– No. El día anterior.

[DOCTOR.– ¿Les atribuye algún origen concreto?

MARY.– Sí.]

DOCTOR.– ¿Piensa que se encuentra en estado?

MARY.– ¡No! Claro que no. [¡Pero usted ya sabe lo que él ha hecho!

DOCTOR.– De modo que las relaciona con eso.

MARY.– ¿Me equivoco?]

DOCTOR.– [No creo.] ¿Por qué no [me] sigue contando, señora Barnes?

MARY.– Aquella tarde [le esperé muy nerviosa.] Llegó casi a la hora de cenar, pero no quiso hacerlo... *(Se levanta.)* [Antes, su madre y yo habíamos hablado.] *(Crece la luz en la casa. Sobre la mesita, el florero está vacío.* MARY *va hacia la izquierda.* [*Se vuelve.)* Si es que a eso se le puede llamar hablar...] *(Sube el peldaño y empieza a pasear con impaciencia por la salita.* EL DOCTOR *queda en penumbra.* MARY *consulta su reloj.* LA ABUELA *entra por la izquierda, con su labor y dos pañales; va al radiador y los pone a secar.* MARY *la observa.)*

ABUELA.– Si no llego a lavar éstos nos quedamos sin pañales.

MARY.– ¿Por qué los pone ahí? [Puede venir alguien...]

ABUELA.– *(No oye.)* El otro día se me cayó uno al patio y se quedó enganchado en la ventana de los del primero. Tuve que bajar a pedirlo. *(Enciende la pantalla y mira su labor.)* La casa parece un palacio. *(Se sienta a trabajar.)* No me pusieron [muy] buena cara... Me debían de estar diciendo que tuviese más cuidado, pero yo [no me enteré.] *(La mira.)* A veces no oigo, ¿sabes?

[MARY.– ¡Abuela!

ABUELA.– ¿Eh?

MARY.– *(Señala a los pañales y eleva la voz.)* ¿Por qué no pone los pañales en otro radiador?

ABUELA.– *(Que, en su típico gesto de sorda, abrió la boca para oírla.)* ¿Otro radiador?

MARY.– ¡Sí!

ABUELA.– Este es el más fuerte y los seca antes.] *(Cuenta en voz baja los puntos.* MARY *sigue paseando.)*

MARY.– Daniel tarda. *(Mira a* LA ABUELA, *que sigue en su trabajo.)*

ABUELA.– *(Canturrea.)*
　　　　　Una tableta Finus tomará
　　　　　y a reírse del dolor aprenderá.
　　　　　[El mundo es feliz porque Finus llegó
　　　　　como un hada y su dicha le dio.]
　　　　　¡Finus!

(Entre tanto, MARY *se ha acercado a los pañales y los palpa. Su cara se contrae; se vuelve hacia el proscenio y mira fijamente al vacío. Cuando* LA ABUELA *va a terminar su canturreo,* MARY *siente náuseas.* LA ABUELA *la mira.* MARY *se vuelve hacia el radiador y se encoge.* LA ABUELA *deja su labor y se levanta.)* ¿Otra vez? *(Va a su lado.)* ¿Te traigo algo?

MARY.– No. Gracias. *(Se separa y va al sillón del teléfono, donde se sienta sin fuerzas. Intrigada,* LA ABUELA *va tras ella lentamente.)*

ABUELA.— ¿Vas a tener otro hijo?

MARY.— *(La mira sobresaltada.)* ¡No!

ABUELA.— ¡Hum!... Pues vendría bien, mujer. La parejita... Una nena. [*(*MARY *desvía la vista y deniega.)* ¿Se lo has dicho a Daniel?

MARY.— ¿El qué?

ABUELA.— ¿Eh?... Lo de tus mareíllos.]

MARY.— *(Se levanta, crispada.)* ¡No voy a tener ningún niño! ¡Ninguno más! *(*LA ABUELA *suspira y va al sofá para tomar su labor.* MARY *vuelve a pasear, nerviosa.)*

ABUELA.— *(Se sienta.)* [No paras.] *(*MARY *la mira y va a sentarse a su lado.* LA ABUELA *cuenta en voz baja los puntos.)*

MARY.— ¡Abuela, [quizá vamos a tener novedades!

ABUELA.— ¿Novedades?

MARY.— ¡No las que usted cree! ¡Pero] quizá Daniel abandone su carrera!

ABUELA.— ¿Cómo has dicho?

MARY.— [¡Que Daniel quiere dejar su carrera!] *(Le habla muy cerca del oído.)* ¡Esta [misma] tarde lo iba a pedir! *(Le pone una mano en el hombro.)* [¿Le gustaría?] ¡Yo volvería a mi escuela y él buscaría otro trabajo!

ABUELA.— ¿Va a dejar su carrera?

[MARY.— *(Asiente con vehemencia.)* ¡Sí! *(Un silencio.)*

ABUELA.— No le estarás tú metiendo esas ideas en la cabeza, ¿verdad?]

MARY.— ¡Debe usted comprenderlo! ¡Está enfermo porque no lo resiste! *(*LA ABUELA *la mira con ojos cada vez más angustiados.)* [¡Hay que evitar que a Danielito le pase lo mismo!

ABUELA.— ¿Danielito?

MARY.— ¡Danielito no debe ser lo que su padre! ¡Entre las dos debemos salvarlos!] ¡Daniel me ha prometido que lo deja! ¡Dios lo quiera!

ABUELA.— No te oigo bien...

MARY.— ¡Allí se cometen cosas horribles, abuela! *(*LA ABUELA *desvía la mirada, sin reanudar su labor.)* ¡Perdóneme! ¡Es que estoy tan sola!] ¡Pero [usted sabe, abuela,] yo sé que usted sabe! Usted conoce al comisario Paulus desde que era joven... *(Un silencio.)* ¿O [no lo sabía?...] ¿Le pasaba lo que a mí, que no sabía? *(Un silencio.)* O [quizá] no se atrevía a creerlo... Pero usted lo ayudó a caer en esa trampa y debe ayudarle a salir de ella. *(*LA ABUELA *tiene los ojos húmedos.)* ¡Es muy triste, lo comprendo! ¡Ver al hijo así, y al final de la vida!... ¡Yo la quiero, abuela! *(La abraza.)* [¡Nos ayudaremos las dos! ¡Para que se salve Danielito, al menos!...] Pero [ayúdeme.] Ayúdenos.

ABUELA.— *(Sin mirarla, deniega.)* No te oigo... nada. No... te oigo.

MARY.— *(La mira, sin esperanza. Musita:)* ¡Dios mío! *(Se levanta y va al sillón, donde se apoya. Se vuelve a mirarla.* LA ABUELA *no se ha movido y ahora recoge muy lentamente su labor para reanudarla con dificultad.* MARY *levanta la cabeza: ha oído algo.)* ¡Ahí está! *(*DANIEL *aparece en el foro con la carpeta.)*

DANIEL.— *(Se acerca a su madre y la besa.)* Hola, mamá.

ABUELA.— Hoja, hijo. *(Sigue con su labor.)*

DANIEL.— Hola, Mary. *(Cruza hacia la librería evitando su mirada y deja sobre ella la carpeta. Mete la mano en el pecho para sacar la pistola, pero tropieza con los ojos de* MARY *y, desviando los suyos, se aleja de la librería sin sacar el arma.* MARY *le ve llegar a la silla del primer término izquierdo, donde se sienta. Entonces da unos pasos hacia él. Él advierte que quiere hablarle y la corta.)* Dame una copa. ¿Quieres?

MARY.— ¿No estás bebiendo mucho estos días? *(Va hacia la librería.)*

DANIEL.— Descuida. No me excedo. *(*MARY *abre el armarito. Mientras sirve la copa, observa insistentemente la carpeta. Él lo advierte.)* ¿No me acompañas?

MARY.— *(Esperanzada.)* ¿Hay motivo? *(Él sonríe y emite un gruñido. Ella cierra el armarito y le lleva la copa.)*

DANIEL.— [Gracias.] *(Bebe.)*

[MARY.— ¿Qué ha pasado?]

DANIEL.— Buenas impresiones. [Luego hablaremos.]

MARY.— ¿Vamos adentro?

[DANIEL.— Estamos bien aquí.

MARY.—] Como está tu madre...

DANIEL.— No tiene el aparato. [No oye.]

MARY.— Pero nos ve.

DANIEL.— *(Se levanta y da unos pasos.)* Está rico este vino. ¿De verdad no quieres? *(DANIEL va al armarito y lo abre.)*

MARY.— *(Levanta la voz.)* [¿Qué ha pasado, Daniel?]

DANIEL.— [Ya te lo he dicho.] *(Empieza a servirse otra copa.)*

MARY.— [No me has dicho nada.] ¿Te han dado la licencia?

DANIEL.— Creo que la conseguiré. *(Cierra el armarito y se apoya en la librería para beber.)*

MARY.— *(Da unos pasos hacia él.)* ¡Me estás engañando!

[DANIEL.— Mary, estas cosas no se logran en un minuto...

MARY.—] *(Se retuerce las manos.)* [¡Te la han negado!]

DANIEL.— ¡Es cosa de unos días! *(Deja la copa sobre la estantería.)*

MARY.— *(Desesperada.)* ¡Dios mío, ayúdanos! *(Se enfrenta con LA ABUELA.)* ¡Ayúdeme, abuela! *(LA ABUELA los mira un instante.)*

DANIEL.— *(Da un paso hacia ella.)* ¡A ella no la metas en esto! *(MARY procura dominarse. Se vuelve y se aleja.)*

MARY.— ¿Tienes que volver esta noche?

DANIEL.— Sí. *(MARY se sienta, sombría, en el sillón del teléfono. DANIEL recoge su copa y vuelve a la silla de la izquierda, donde se sienta de nuevo.)*

[MARY.— ¿Hay nuevos detenidos? *(LA ABUELA los mira.)*

DANIEL.— No. *(Un silencio.)*]

MARY.— [¿Tampoco ahora me mientes? *(Un silencio.)*] Estamos perdidos.

DANIEL.— *(Sombrío y sin mirarla, juega con la copa.)* Mary... ¿te resignarías a vivir a mi lado como una hermana?

MARY.— *(Lo mira, descompuesta.)* Perdidos. *(Un silencio. DANIEL suspira hondamente. LA ABUELA, que se volvió a concentrar en su labor, rompe a hablar.)*

ABUELA.— ¿También te ha dado hoy sus recuerdos el señor Paulus?

DANIEL.— *(¿Eh?)* *(Los esposos se miran.)* ¡Sí, mamá!

ABUELA.— *(Vuelve a su labor.)* Es curioso que no nos hayamos visto desde entonces. Antes era muy asiduo. [Tú aún te acordarás...]

DANIEL.— *(Se levanta.)* Sí, mamá. *(Va a sentarse a su lado, mientras ella sigue hablando.)*

ABUELA.— Y [cuando murió tu padre] se portó admirablemente. Era lo menos que podía hacer, porque antes no se había portado muy bien.

DANIEL.— ¿No?

ABUELA.— ¿Eh?... No nos perdonó que nos casáramos. Él me pretendía y se llevó un disgusto enorme. [Hasta habló de vengarse. Porque entonces era muy brusco, muy agrio...] Luego entró en la Policía y no le volvimos a ver [en mucho tiempo.] Pero cuando tu padre murió empezó a volver por casa. [De casarse ya no hablaba, pero] yo era todavía hermosa. Ya lo creo. [Yo he sido hermosa, hijo... Muy hermosa. Se fue cansando, claro. Porque] no lograba nada. Pero cada vez me apremiaba más y un día tuve que despedirlo... Conque pasan muchos años, y viene a decirme que te podía ayudar a entrar en la Seguridad Nacional... Bueno, yo me había estropeado mucho. [Estaba claro que] ya no le importaba, y en aquellos años no nos iba nada bien... De modo que decidí aceptar el favor. *(Larga pausa.* MARY *no ha perdido palabra.)* A lo mejor te hubiera gustado ser otra cosa, hijo... [Aún eres joven.] Tú haz siempre lo que quieras. Lo que hace falta es que seas feliz. *(*DANIEL *le oprime una mano con afecto. Repasando su labor, su madre se levanta.)* Voy a ver a Danielito, no vaya a haber cogido una mala postura. *(Se dirige a la izquierda y se detiene.)* [Hoy no has entrado a verlo.] ¿Vienes?

DANIEL.— *(Se levanta.)* Sí, mamá. *(Con una furtiva ojeada a su mujer va a recoger la carpeta y se reúne con su madre.* MARY *se levanta, mirándolos.)*

ABUELA.— A lo mejor le traéis pronto una hermanita, ¿eh? *(Los esposos evitan mirarse, turbados.* DANIEL *sorbe la copa que lleva y enlaza amorosamente a su madre.)* ¡Hijo mío!... *(Salen los dos.* MARY *se deja caer en el sillón, absorta. Un foco la ilumina; la habitación vuelve a la penumbra y la lámpara se apaga.* EL DOCTOR *se levanta y se acerca.)*

[DOCTOR.— ¿Le gustaría tener otro hijo, señora?

MARY.— ¡No, no!

DOCTOR.— ¿Está segura?

MARY.— *(Que sigue sin mirarlo, abstraída.)* Ahora, ¿cómo tener otro hijo?

DOCTOR.— ¿Lo dice por el estado de su marido?

MARY.— Quiero decir que... ya nunca me atrevería a traer a otro hijo al mundo. No me lo perdonaría.]

DOCTOR.— ¿Cuáles son los sentimientos que hoy le inspira su marido?

MARY.— No lo sé... A veces me parece un extraño... Otras me siento llena de rencor. [Es muy raro, pero hay momentos en que... *(Vacila.)*

DOCTOR.— ¿Qué?

MARY.— Me dan ganas de reírme de él.]

DOCTOR.— ¿Siguen intentando el cumplimiento del matrimonio?

MARY.— ¡No!

[DOCTOR.— ¿No quiere usted o no quiere él?

MARY.—] Él ya no lo insinúa y yo lo prefiero así.

[DOCTOR.— Así, pues, ¿él le causa repulsión ahora?

MARY.— *(Impaciente.)* ¡Es difícil contestar! Yo... le he querido ciegamente. Ahora duermo muy poco; él duerme bien, porque bebe. Alguna noche, viéndole dormir junto a mí, he pensado: No ha pasado nada. Le adoro... Y me dan unas ganas enormes de despertarlo y de besarlo.

DOCTOR.— ¿Lo ha llegado a hacer?

MARY.— Una noche... lo desperté. Pero me aparté inmediatamente y corrí a ver al niño. Le dije que me había parecido oírle llorar.]

DOCTOR.— *(Después de un momento.)* ¿Sueña usted ahora mucho?

MARY.— Pesadillas.

DOCTOR.— ¿Recuerda alguna?

MARY.— Sí.

DOCTOR.— ¿Quiere contármela?

MARY.— Déjeme recordar... Sí; yo estaba en casa, [sentada en un sillón...] *(Una luz extraña ilumina la habitación.* EL DOCTOR *se retira discretamente a la penumbra de la derecha y vuelve a sentarse en la silla.)* Mi suegra entró con el niño. Pero ya no era un niño... *(Por la izquierda entra* LA ABUELA *empujan-*

do la cuna y la deja cerca del teléfono. MARY *habla a* LA ABUELA.*)* ¡Aquí hace frío!

ABUELA.– Voy a ver la televisión y no quiero que se despierte.

MARY.– *(Se levanta.)* ¡Se puede constipar!

ABUELA.– Le das una tableta. *(Y sale canturreando.)*
    Una tableta Finus tomará
    y a reírse del dolor aprenderá...

MARY.– *(Se acerca a la cuna y se inclina.)* ¡Danielita! [¡Si es] mi nena querida] *(Arregla la ropa.)* Así. Bien tapadita. Duerme, [nenita], duerme... *(*DANIEL *entra por el foro con un libro en la mano. No parece verla. Ella se incorpora)* [Hola.] *(Sin contestar él va a la librería, mete la mano en la pistolera del pecho y saca unas grandes tijeras, [que deja allí. Luego va a sentarse al sillón del teléfono y hojea el libro. Ella se acerca.)* ¡Danielita se va a enfriar!

DANIEL.– *(Sin mirarla.)* Dame las tijeras. *(*MARY *va a la librería y las coge.)*]

MARY.– ¿Para qué las has comprado? [*(Se las lleva.)*]

[DANIEL.– *(Las toma y las abre.)* Para abrir el libro. *(Finge que lo hace.)*

MARY.– ¡Si ya está abierto!]

DANIEL.– *(Sonríe.)* [Las he comprado] para cortarle el pelo a la niña [cuando sea mayor].

MARY.– ¿Quieres que encienda? No verás bien.

[DANIEL.– Sí, por favor. *(Lee.]* MARY *se acerca a la lámpara y tira del cordoncillo. La lámpara se enciende. Presa de la corriente eléctrica,* MARY *se retuerce y grita sin poder soltar el cordoncillo.)*

MARY.– ¡Daniel, que me abraso!... [¡Por piedad!...] *(*DANIEL *sigue leyendo.)* [¡Daniel!] *(Él se vuelve a mirarla.)* [¡Apaga esa luz! ¡Pronto!] *(*DANIEL *se levanta, calmoso, y va a su lado.)*

DANIEL.– Habrá que cortar los dedos.

MARY.– ¿Que vas a hacer?

DANIEL.– Si no duele. *(Corta y ella grita. La lámpara se apaga.)* No sale sangre.

MARY.– *(Se mira los dedos.)* [No.] *(Mirándolo con los*

ojos muy abiertos, retrocede. Él extiende la mano con las tijeras empuñadas.)

DANIEL.—Toma. Debes guardarlas tú.

MARY.—¡No! *(*DANIEL *avanza. Ella se escurre, rápida.)*

DANIEL.—Si te mueves no podré dártelas. *(Le asesta una puñalada, que falla.)*

MARY.—*(Gime y se aparta.)* ¡Piedad!

DANIEL.—Ven.

MARY.—*(Se abalanza hacia él con los brazos extendidos.)* ¡Hiere! ¡Atraviésame [si quieres!] *(*DANIEL *sonríe, [va al radiador y toma los pañales. Luego] se dirige a la cuna.)*

[DANIEL.—Los va a necesitar.] *(Levanta el embozo de la cuna y abre las tijeras.)*

MARY.—*(Corre a su lado para sujetarlo.)* ¡No! ¡A él no!

DANIEL.—Tú quieres una niña...

MARY.—*(Corre a la izquierda y llama.)* ¡Abuela! *(*LA ABUELA *entra en el acto.)*

DANIEL.—Enciende, mamá. No veo bien.

ABUELA.—*(Mientras va a la lámpara.)* Haz lo que quieras, hijo.

MARY.—¡No toque la lámpara! *(*LA ABUELA *enciende tranquilamente y se vuelve.)*

[ABUELA.—¿Ves ya?]

DANIEL.—Dentro hay más luz. *(Empuja la cuna.* LA ABUELA *camina a su lado.)* Tranquilo, Danielito. Tú duerme tranquilo.

ABUELA.—Te daremos una tableta. *(Canturrea mientras desaparecen los dos por la izquierda con la cuna.)*

El mundo es feliz porque Finus llegó
como un hada, y su dicha le dio...

(La lámpara se apaga y la luz se extingue, mientras crece a la derecha del escenario. MARY *va a sentarse en el sillón junto al* DOCTOR. *Una pausa.)*

DOCTOR.—¿Ha tenido otros sueños parecidos?

MARY.—Muchas otras noches.

[DOCTOR.—¿Piensa a menudo en ellos?

MARY.—Casi no puedo pensar en otra cosa.]

Doctor.— ¿Era la historia de la tortura lo que él leía en el sueño?

Mary.— No.

Doctor.— ¿Ha repasado usted ese libro en estos días?

Mary.— Ha desaparecido.

[Doctor.— ¿Cómo?

Mary.— Mi marido lo leyó procurando que yo no me diera cuenta. Después no lo he vuelto a ver.

Doctor.— ¿Quizá lo ha destruido?

Mary.— *(Deniega, dudosa.)* Me ha parecido que él lo buscaba alguna vez, sin encontrarlo. Ni él ni yo hemos vuelto a hablar del libro.]

Doctor.— Entonces no sabe qué libro leía su marido en el sueño.

Mary.— Sí lo sé.

[Doctor.— ¡Ah! ¿Lo sabe?

Mary.—] Uno de los que ha comprado últimamente. Un libro de psiquiatría.

Doctor.— *(Pensativo.)* Ya.

Mary.— ¿Qué me aconseja, doctor?

Doctor.— Me gustaría preguntarle si usted ha pensado en alguna solución.

Mary.— He pensado tantas cosas... Separarnos quizá por algún tiempo... Volver a mi escuela...

Doctor.— Celebro que haya pensado en eso. Una separación y el contacto con otros niños podrían serle saludables. [Si usted me autoriza yo mismo hablaré a su marido para facilitarlo.]

Mary.— No [me ha entendido...] Pienso [todas] esas cosas, pero [ninguna de ellas me ilusiona]. Me encuentro incapaz del menor esfuerzo y siento [una infinita desgana], una gran indiferencia... por todo.

Doctor.— ¿También por su hijo?

Mary.— *(Llora.)* [¡Pobre hijo mío!] ¡Ojalá él me perdone algún día el haberle traído a este mundo espantoso!

Doctor.— Ya ve como hay algo que todavía le ilusiona. Pues bien: desprecie su propio dolor y luche por su hijo. [Si lo hace, señora Barnes, ¡se lo aseguro!, él le traerá el olvido.]

Mary.— No, doctor. Tampoco [el niño].

Doctor.— ¿Qué quiere decir?

Mary.— ¡Es horrible! A veces... creo que ya no quiero a mi hijo.

Doctor.— ¿Qué?

Mary.— [¡No, porque es suyo!] En su carita veo ya la cara de su padre. Y es la [cara] de un verdugo.

Doctor.— [Debe reaccionar contra esos pensamientos malsanos.] ¡Esas cosas no se transmiten por la sangre!

Mary.— *(Desesperada.)* ¡Lo sé! ¡Ya lo sé!

Doctor.— Su hijo [es inocente. Y] tiene una madre que puede evitar el que mañana se convierta en un verdugo...

Mary.— ¿Para que se convierta en una víctima?

Doctor.— [Ayúdese a sí misma, se lo ruego.] En este mundo hay algo más que víctimas y verdugos.

Mary.— Mi marido también tiene una madre... que debió evitarlo. ¿Por qué voy a ser yo mejor madre que ella? [Yo creí que] la vida [era una cosa espléndida y] es una trampa que nos coge siempre. ¡Nunca debiéramos transmitirla!

Doctor.— La vida puede ser espléndida, créame. ¡Súmese al ejército de los que lo intentan! [Es más numeroso de lo que se supone.] ¡Usted ha venido a verme!... Eso significa que aún confía y espera.

Mary.— No. Es como el que se vuelve a un padre y grita, porque se está ahogando... Pero el padre me dice desde la orilla [que nade,] que debo nadar..., y yo ya no tengo fuerzas. *(Lo mira con ojos de animal desvalido.* El DOCTOR *suspira y saca su libro de recetas, en el que comienza a escribir.)*

Doctor.— [Debe tener paciencia, señora.] Por el momento va a ir tomando esto. Es muy eficaz, ya lo verá. Y vuelva [la próxima semana. O] en cuanto quiera hablar conmigo. *(Le da la receta.)*

Mary.— Gracias. *(La guarda y se levanta.)*

Doctor.— *(Se levanta y le oprime la mano.)* Señora Barnes... Valor.

Mary.— *(Va al lateral derecho. Se vuelve.)* Buenas tardes.

Doctor.— [Hasta pronto, señora.] *(*Mary *sale.* La SECRE-TARIA *reaparece con lápiz y cuaderno.)* [¿Qué podía yo hacer?] Cuando me incliné para extender la vulgar receta que tantas veces oculta nuestro embarazo, pensaba que era el mundo quien estaba enfermo y que yo no podía curar al mundo. Pero entre tanto ella se iba hundiendo en aquel mar de que hablaba, acosada por sueños atroces que la arrastraban hacia el fondo... He podido reconstruir lo que sucedió tras su visita, pero fue la última visita. [Partió] y no la volví a ver. *(El primer término entero se ilumina.* EL DOCTOR *y* LA SECRETARIA *salen por la derecha. Una pausa.* MARY, *con abrigo, entra por la derecha y cruza. Cuando está cerca del lateral izquierdo entra por él* LUCILA MARTY, *de luto, y pasa a su lado sin mirarla.* MARY *se detiene, se vuelve y la ve marchar.)*

MARY.— ¡Lucila! *(*LUCILA *se detiene sin volverse ni mostrar sorpresa.* MARY *se le acerca pero no osa hablar.)*

LUCILA.— *(Se vuelve a medias, sin mirarla.)* ¿Qué quiere?

MARY.— [Tú me dijiste la verdad y te llamé embustera.] Perdóname.

LUCILA.— No se resuelve nada pidiendo perdón. Él ya no puede resucitar.

MARY.— *(Asombrada.)* ¿Ha... muerto?

LUCILA.— *(La mira con aviesa sonrisa.)* ¿No se lo ha dicho su marido? Parece que le falló el corazón... en la Jefatura.

MARY.— Yo... no sabía...

LUCILA.— No me sorprende. Buenas tardes. *(Va a irse.* MARY *la sujeta.)*

MARY.— [¡No quiero que te vayas así! Yo no puedo hacer nada, nada, pero...] te suplico que me perdones por lo que mi marido le ha hecho al tuyo.

LUCILA.— *(Sublevada.)* ¿Quiere que le perdone a él?

MARY.— No, porque yo tampoco puedo perdonarlo. A mi modo, también me he quedado sin marido, Lucila... Ahora, sufrimos juntas.

LUCILA.— ¡Juntas, no! Mi sufrimiento es mío [y usted no tiene derecho a compartirlo. Usted no ha pasado por la Jefatura, como yo, y nunca pasará.] A usted no le han torturado al marido; es él quien tortura. *(Muestra sus ropas.)* Usted nunca entenderá [lo que es] este luto.

MARY.— Procuraré entenderlo, Lucila... Te lo prometo.

(LUCILA *va a irse.)* ¡Por piedad! Déjame ser tu amiga. [Aprenderé a sufrir a tu lado.] Nos consolaremos..., si podemos. ¡Lucila! ¡Hija mía! *(Solloza.)*

LUCILA.— No llore. Yo ya no tengo lágrimas y las suyas me van a dar risa. [Esto ya no tiene remedio, señora maestra.] Adiós. *(Se encamina a la derecha.)*

MARY.— Fuiste tú quien me mandó el libro, ¿verdad? *(*LUCILA *se detiene y no contesta.)* ¿Fuiste tú?

LUCILA.— No sé de qué me habla.

MARY.— Gracias por el libro, Lucila. *(*LUCILA *escucha a medio volverse estas palabras y luego sale por la derecha.* MARY *da unos pasos lentos tras ella y se queda mirando cómo se aleja. Por la izquierda entra* DANIEL, *con gabardina y sombrero, y se sitúa tras el banco sin perderla de vista.* MARY *se vuelve para seguir su camino y al verlo se detiene, asombrada. Luego avanza despacio hasta llegar junto al banco.)*

DANIEL.— ¿Qué hablabas con esa mujer?

MARY.— Puedes figurártelo.

DANIEL.— Te dije que no debías volver a verla. Que es peligroso.

MARY.— ¡Qué importa ya! *(Se sienta en el banco y baja la cabeza.)*

DANIEL.— ¿Por qué has ido a ver al doctor Valmy?

MARY.— ¿Te dedicas a seguirme?

DANIEL.— Sí.

MARY.— *(Ella lo mira y comprende.)* ¿Será posible? *(Ríe.)* Tienes celos.

DANIEL.— *(Se sienta por el otro lado del banco.)* Trata de comprenderme.

MARY.— ¡Es ridículo! ¿Qué importancia puede tener todavía para ti el haber dejado de ser hombre?

DANIEL.— ¡Es que te quiero, Mary!

MARY.— Palabras muertas.

DANIEL.— ¡No, mientras estemos vivos! Yo encontraré la salida de este túnel; te lo he prometido. [Escucha: sé que] hay vacantes en el servicio exterior. Si pido un puesto fuera, Paulus me lo dará, [estoy seguro.] Y en el extranjero dimitiré. Entonces no podrán impedírmelo. [¡Te juro que lo haré!] Hay un perdón en algún lado para mí. [Tengo que buscarlo y merecerlo.] ¡Dame tú el tuyo, aunque todavía no lo merezca!

MARY.— ¿Cómo podría? ¿Cómo podría siquiera esa niña viuda? ¡Y él ya no puede dártelo, porque lo matásteis! *(DA-NIEL baja la cabeza.)*

DANIEL.— No quise decírtelo para no hacerte sufrir más.

MARY.— Esas palabras también están vacías.

DANIEL.— ¡No, Mary!

MARY.— ¿Y toda esa pobre carne que habrá pasado por esas manos tuyas durante años [enteros?] De eso no hablas. [Hablas de si yo puedo sufrir más o menos.] ¡Dan ganas de reír! Yo siento el dolor de esa carne a todas horas. Por eso he ido a ver al doctor Valmy. No puedo pensar en otra cosa.

DANIEL.— Tampoco yo, [Mary.]

MARY.— Sobre todo, por las noches. *(La oficina se va iluminando.)*

DANIEL.— ¿Por las noches?

MARY.— Por las noches yo trato de imaginar a quién podrás tener [en ese momento] entre tus uñas. [Y me figuro que soy yo misma...] Pero tú no imaginas nada. [Tú lo haces. ¡Porque has tenido que volver todas esas noches a cumplir tu oficio de carnicero!] Dime: ¿qué sientes cuando les haces gritar?

DANIEL.— Para salir de esto es forzoso volver...

MARY.— ¿Sientes que es tu propia carne la que grita?

DANIEL.— *(Mira a todos lados.)* ¡Baja la voz! ¡Pasa gente!

MARY.— ¿Y qué?

DANIEL.— *(Con los ojos fijos en el lateral izquierdo.)* No te muevas. Mira con disimulo a aquel.

MARY.— No veo a nadie.

DANIEL.— Acaba de doblar por el paseo central. Yo diría que era Marsan. *(Ella suspira, desolada. El comisario* PAULUS *entra en la oficina por la puerta del foro y queda de pie ante la mesa, a plena luz, con los brazos cruzados y el aire ausente.)* Tenemos que irnos del país.

MARY.— Donde vayamos nos estará esperando otro comisario Paulus. *(Se oye, muy lejos, el Nocturno de Chopin.* MARY *acaricia disimuladamente el borde del banco.* DANIEL *se atreve a poner una mano sobre la de ella.* MARY *rompe a llorar. Una pausa.)*

DANIEL.— Sí, Mary. Fue aquí. Y entonces también llorabas. No he logrado enjugar aquellas lágrimas; todo ha sido una gran mentira. Pero aquello, al menos, fue verdad... Aquello fue verdad.

MARY.— *(Se levanta.)* Vámonos. *(Se encamina al lateral. Él la sigue. Ella se vuelve y mira al banco. Él lo mira también. Salen los dos. El comisario continúa, inmóvil e iluminado, en la oficina. A la derecha, la luz vuelve a iluminar al* DOCTOR *y a su* SECRETARIA. *El piano sigue sonando.)*

DOCTOR.— *(Dicta.)* El lector sabe ya que los pacientes de mi primera historia eran vecinos de la casa donde vivía el matrimonio; gentes en buena posición, sin hijos, que vinieron a consultarme sobre el cuadro de síntomas que denunciaba el hastío de su vida: insomnio, [falta de apetito,] ansiedades difusas, cansancio mutuo... Ellos mismos sugirieron una estancia [temporal] en el sanatorio y yo accedí... [Pensé que] tal vez un cambio de vida les resultase saludable...

SECRETARIA.— Saludable.

DOCTOR.— Pero, a esta altura del relato, me pregunto si alguno de los que me lean no ignorará la primera historia. Pues yo mismo, a menudo, comienzo la lectura de un libro por la parte que más me atrae y no por el principio. Debo por ello recordar que la presente historia no es [totalmente] inteligible, [en mi opinión,] sin relacionarla con la anterior y que tal vez [en el fondo] forman una sola... Ahora puedo ya contar lo que resta de nuestro caso. [Mi cliente decidió hablar por segunda vez con su jefe y ese fue] el principio del fin. *(La penumbra vuelve al primer término. El banco y la consulta quedan en sombra.* EL DOCTOR *y* LA SECRETARIA *salen. El comisario* PAULUS *se vuelve hacia la izquierda y aguarda. El piano calla bruscamente. Por los peldaños de la izquierda sube* DANIEL *y se quita el sombrero.)*

PAULUS.— ¿Querías hablarme?

DANIEL.— Si me pudiese dedicar unos minutos...

PAULUS.– Siéntate. *(*DANIEL *deja el sombrero en la percha, se acerca a la silla [y aguarda.)* ¡Siéntate! Yo estoy harto de silla.] ¿Qué quieres?

DANIEL.– Me gustaría pedirle... [un gran favor]. *(Se sienta.)*

PAULUS.– ¿La licencia?

DANIEL.– *(Ríe.)* ¡No, no! Aquello pasó. [Usted vio claro:] fue uno de esos momentos de flaqueza que cualquiera puede sufrir. [Ahora me encuentro otra vez en forma.] *(Trivial.)* Y no creo que tenga queja de mi comportamiento en estos días.

PAULUS.– En efecto. [Has trabajado muy bien.] *(Pasea.)*

[DANIEL.– *(Risueño.)* ¿Tengo su confianza, jefe?

PAULUS.– *(Risueño.)* Siempre la has tenido.]

DANIEL.– De otro modo no me atrevería a explicarle mi deseo.

PAULUS.– ¿Cuál es?

DANIEL.– Verá... Estoy inquieto por mi mujer. Ella ignoraba muchas cosas y ahora que... las ha entrevisto se encuentra desasosegada, nerviosa... Enferma. No se le puede pedir de repente [una] comprensión [para la que necesitaría prepararse mucho.]

PAULUS.– Evidente.

DANIEL.– Es cosa mía tranquilizarla y creo que lo conseguiré. Pero no aquí... Convendría [llevarla a otro ambiente,] darle la sensación de que los dos estamos lejos de lo que le preocupa... He pensado que yo podría trabajar [eficazmente] en el servicio exterior. [Si estuviera solo no lo pediría, pero tengo un hogar y quisiera cuidarlo.] ¿Quiere ayudarme una vez más, jefe? No importa el país. Donde yo pueda ser más útil.

PAULUS.– *(Que lo miraba fijamente.)* Es aquí donde puedes ser más útil, hijo mío.

DANIEL.– Con una mujer intranquila a mis espaldas quizá no rinda bien, señor Paulus.

PAULUS.– Lo has hecho muy bien estos días.

DANIEL.– *(Nervioso.)* Aun así...

PAULUS.– [Te lo diré de otro modo.] Ese traslado causaría [extrañeza, y quién sabe si] sospechas. Y no te conviene levantarlas ahora, ni a mí proponer una cosa tan extemporánea.

DANIEL.— ¿Y si yo presento directamente la instancia?

PAULUS.— Tendría que informarla yo y no pienso hacerlo favorablemente.

DANIEL.— *(Descompuesto.)* ¿Por qué?

PAULUS.— *(Va a sus espaldas y le pone las manos en los hombros.)* No es por tu mujer, ¿verdad?

DANIEL.— Ya le he explicado...

PAULUS.— [Digamos que es por los dos.] *(Se incorpora y va a la mesa.)* [Bien.] Traías preparada una bonita comedia, pero ya sabes mi respuesta. Hasta la noche. *(Se sienta y repasa unos papeles. Larga pausa. De pronto, alguien grita tras la puerta del fondo. Es un gemido ahogado que apenas se oye.* PAULUS *no se inmuta.* DANIEL *se estremece.)*

[DANIEL.— Yo no volveré esta noche.

PAULUS.— ¿Qué dices?]

DANIEL.— ¡Yo no volveré a torturar! *(*PAULUS *deja los papeles sobre la mesa con un brusco golpe.)* Tendrá que mandarme afuera si no quiere retirarme su protección. Si prefiere considerarme un desertor, mándeme a la cárcel.

PAULUS.— ¿A ese extremo has llegado?

DANIEL.— ¡Sí!

PAULUS.— ¿Por tu trabajo?

DANIEL.— ¡No le llame trabajo!

PAULUS.— ¿Qué es entonces?

DANIEL.— Un crimen.

PAULUS.— *(Mira a la puerta del fondo.)* Afortunadamente, estamos solos. Haré todavía un esfuerzo a tu favor. Y ahora escucha, imbécil: yo no he inventado la tortura. Cuando tú y yo vinimos al mundo ya estaba ahí. Como el dolor y como la muerte. Puede que sea una salvajada, pero es que estamos en la selva.

DANIEL.— ¿Contra seres humanos?

PAULUS.— ¡Cuánta preocupación por el ser humano! Tú los has visto aquí: la mayoría no vale nada. Y no hay en la historia un solo adelanto que no se haya conseguido a costa de innumerables crímenes. *(Se oye un grito. Ambos miran la puerta.)*

DANIEL.— ¿Quiere decir de innumerables mártires?

PAULUS.– ¡Qué tontería! Todas las empresas han tenido sus mártires, pero también sus torturadores.

DANIEL.– ¡Son los segundos los que las manchan!

PAULUS.– *(Menea la cabeza con pesar.)* Eres un niño que ve el mundo como un cuento de buenos y malos. Pero, a menudo, un torturador es un mártir que ha sobrevivido; y un mártir, un torturador que no se murió a tiempo. [Como podría serlo mañana, por ejemplo, cualquiera de nosotros...] Mártires, torturadores... Palabras para la propaganda. [Pero ahora estamos solos y te diré la verdad.] *(Otro grito.* PAULUS *mira al fondo.)* Lo esencial es tener la razón a nuestro lado. Cuando eso ocurre, poco importan los medios a emplear.

DANIEL.– ¿Y si no tuviéramos toda la razón?

PAULUS.– *(Confidencial.)* Nunca se tiene del todo. ¿Y qué? Necesitamos usar todas las armas, puesto que el enemigo las usa. [Daniel, son armas naturales.] Hay gente que muere en las garras de una fiera. [A un desdichado lo aplasta una grúa.] *(Otro grito.* PAULUS *alza la voz.)* Otro grita durante meses, roído por el cáncer que le consume... No desterrarás el dolor del mundo. ¿Vas a dejarlo entonces en manos del azar? ¡Adúéñate de él y utilízalo!

DANIEL.– [¿Por qué no lo proclamamos?] ¿Por qué no incluimos la tortura en el código?

PAULUS.– La gente es incurablemente pueril y no lo entendería.

DANIEL.– No. [Es que empieza a comprender.] La gente lo admitió [en otros tiempos,] cuando era más pueril que ahora. Hoy hay que esconder la tortura como a un hijo deforme. Para defenderla, usted tiene que [cerrar las puertas y] bajar la voz. En público está obligado a poner la cara afable del buen señor que ama a sus semejantes... ¡Qué fracaso, señor Paulus! [Está] usted [falsificado.] Es una mentira que anda con su condena a cuestas. *(Gritos.)*

[PAULUS.– *(Irritado.)* ¿Qué condena?

DANIEL.– La de callar. Es como un loco que quiere tener razón, pero que no está lo bastante loco para proclamarla, ¿eh? ¡No importa! Sus víctimas lo pagarán más caro.

Sus gritos le resarcirán de los que usted no se atreve a proferir. *(Un silencio.]* *Miran a la puerta.)*

PAULUS.— Pobre idiota. No es mi retrato el que haces, sino el tuyo. Te crees muy valiente viniéndome a decir esas cosas; pero sabes que no quiero hacerte daño. *(Se levanta, airado.)* ¡Eres tú quien no se atreverá a gritar fuera de aquí, tú quien callarás! *(Rodea la mesa. Otro grito. Se inclina para hablarle al oído.)* Estás atrapado y no hay escape. Un S. P. lo es hasta la muerte. *(Pasea.)* [¡Y puedes agradecerme que aún quiera tener la debilidad de ayudarte!] Pero yo te salvaré a tu pesar. [Porque] yo he elegido el poder, ¿entiendes? Entre devorar y ser devorado, escojo lo primero. Y te llevo conmigo. *(Se acerca y le pone una mano en el hombro.)* [La crisis se alarga, muchacho, pero quizá la superes todavía.] No vuelvas esta noche, descansa. Mañana lo habrás pensado mejor.

DANIEL.— Tampoco volveré mañana.

PAULUS.— *(Rojo de ira.)* ¡Dame inmediatamente tu pistola y tu carnet! *(*DANIEL *se levanta, temblando.)* ¡Vamos! *(*DANIEL *los saca y los deja sobre la mesa.)*

DANIEL.— Aquí los tiene. *(*PAULUS *va al teléfono, descuelga y empieza a marcar.)* [¿Es la primera vez, señor Paulus?

PAULUS.— ¿Qué dices?

DANIEL.—] ¿Es la primera vez que un S. P. deja de serlo antes de morir?

PAULUS.— *(Cuelga bruscamente.)* ¡Me estás haciendo perder la calma! Pero no te saldrás con la tuya. *(Gritan.)* [Prefiero que lo pienses.] Si lo piensas, volverás mañana. *(Pasea. Gritan.)*

DANIEL.— ¿No comprende que no puedo? Lo que aquí sucede [no sólo destroza a quienes lo padecen;] destroza a quienes lo hacen. *(Gritos.)*

PAULUS.— Sólo a un tipo enfermizo como tú. *(Gritos.)* Los demás seguimos sanos. *(Gritos.* PAULUS *se abalanza a la puerta y la abre bruscamente.)* ¡Pasad a la otra habitación!... ¡Sí, eso he dicho! *(Cierra con un portazo. Se vuelve.* DANIEL *lo mira fijamente.)*

DANIEL.— *(Después de un momento.)* A Dalton le duele la cabeza. ¿Sabe cuándo le empezó?

[Paulus.— No.

Daniel.—] Poco después de lo que le hizo a aquel detenido, a Rugiero.

Paulus.— ¿Y qué?

Daniel.— Volski padece del estómago [y siemptre está de mal humor.] Marsan es un vicioso; no hay bocado más exquisito para él que una mujer aterrorizada. De Luigi prefiero no hablar. ¿Y Pozner? [¿El fuerte, el equilibrado,] el... bruto de Pozner? ¿Sabía que grita y se despierta todas las noches? *(Durante estas palabras* Paulus *se sienta, sombrío, en el sofá.)*

Paulus.— No me dices nada nuevo.

Daniel.— *(Con triunfal sonrisa.)* Antes me dijo que estaban sanos...

Paulus.— Mentía.

Daniel.— *(Lo considera un momento y suspira profundamente.)* Mándeme al servicio exterior. No quiero crear aquí ningún conflicto, [si puedo evitárselo.]

Paulus.— Seguirás aquí.

Daniel.— *(Da un pasa hacia él.)* ¿Es que quiere hacerme estallar? ¡Me acaba de dar la razón!

Paulus.— No. Tus compañeros están enfermos, pero todo el mundo está enfermo. Ahí fuera el honrado padre de familia también se aturde con sus vicios, [padece úlcera de estómago o se despierta gritando. Él sabrá por qué, si es que lo sabe.] Tal vez piense que no gana bastante dinero, o quizá intuye que también es responsable de todo lo que aquí se hace para defenderlo. El mundo es el mismo [ahí] fuera y [aquí] dentro. Por eso es un iluso el que crea que, para hacer nuestro trabajo, se pueden encontrar hombres diferentes o forjarlos aquí. Mírame: yo he sido ese iluso. Cada uno de tus compañeros ha sido para mí una desilusión y tú has sido la última... Porque en ti confiaba; [tú eras distinto. Como yo.] ¡Tú hubieras debido mantenerte sano! Bien. Actuarás [de todos modos.] Enfermo, como ellos. Hace [muchos] años que he aprendido a estar solo, hijo mío.

Daniel.— ¿Cuántos, señor Paulus?

Paulus.— ¿A qué viene eso?

[Daniel.— ¿Por qué eligió su profesión?

PAULUS.— ¿Que por qué elegí...? Pero, ¿de qué hablas?

DANIEL.— Hay quien enferma aquí dentro y hay quien ingresa enfermo. Usted ya lo estaba cuando ingresó.

PAULUS.— ¿Yo? ¿De qué?

DANIEL.— De rencor. *(Un silencio.)*

PAULUS.— *(Sin mirarlo.)* Hijo mío, te has vuelto loco.]

DANIEL.— *(Después de un momento.)* Mi madre le envía sus saludos. *(*PAULUS *levanta la cabeza y lo mira fijamente.)* ¿Desea que le traslade los suyos como de costumbre?

PAULUS.— Si eso te divierte...

DANIEL.— [Es usted quien nunca lo olvida.] Resulta curioso. [Porque] sería lógico prescindir de esa fórmula después de tanto tiempo. ¿Le es imposible olvidar hasta ese punto que ella le rechazó?

PAULUS.— *(Lo mira con asombro y se levanta.)* Cállate.

DANIEL.— He llegado a sospechar que usted era mi verdadero padre. Todavía hace un momento me ha llamado hijo. ¡No vuelva a llamármelo! [Ahora le comprendo a fondo.] ¡Usted nunca ha dejado de odiar al hombre que fue mi padre! *(Ríe, nervioso.)* [¿No le da a usted mismo risa?] El hombre fuerte resulta [un muñeco. El político sin flaquezas escondía] un resentido. Desde entonces, no hace otra cosa que vengarse de aquella herida. Sobre todo en el [hijo de su rival: en el] que pudo haber sido su hijo y lo fue de otro. *(*PAULUS *se fue acercando con los puños crispados.)*

PAULUS.— *(Ya a su lado grita.)* ¡Cállate!

DANIEL.— *(Exaltado, grita también.)* ¡Me ayudó a ingresar para destruirme! [¡Me trajo a la S. P. para destruirme!] Pues bien, ¡ya lo ha conseguido! ¡El hijo paga por sus padres! [¡Y con el más alto precio! ¡Con el que usted habría querido hacerle pagar a mi padre y que me ha condenado a pagar a mí!] Porque era eso lo que quería, ¿verdad? Cuando me ordenó que mutilase a ese pobre Marty, era eso lo que quería.

PAULUS.— *(Estremecido.)* ¿Qué?

DANIEL.— [¡Regocíjese! ¡Ya estoy como él!] Ya no puedo ser para mi mujer otra cosa que un hermano. *(Poseído de una extraña turbación.* PAULUS *cierra los ojos.)* ¡Pero todavía soy un hombre! *(Paulus lo aferra de pronto por las solapas y lo sacude brutalmente.)*

Paulus.— ¿Callarás?

Daniel.— *(Mientras es zarandeado.)* [¡La hombría no calla, la hombría es imprudente! ¡Me siento revivir!] ¡Este guiñapo viene a decirle que es usted un canalla! *(Paulus lo arroja sobre el sofá, furioso. Quedan mirándose, jadeantes. Suena el timbre del teléfono. Paulus va a la mesa y descuelga.)*

Paulus.— ¡Diga!... *(Su tono cambia.)* A sus órdenes, jefe... Es que ahora tenemos aquí muy pocos hombres. [Pero se trabaja día y noche...] Le aseguro, [jefe,] que... Déme aún cuatro días. Le prometo que dentro de cuatro días cerraré el atestado... Lo tendré muy en cuenta... A sus órdenes. *(Cuelga. Se queda pensativo. Daniel se levanta.)*

Daniel.— No es sólo el rencor: es el miedo. Usted también está cogido en la trampa. Adiós. *(Va a coger su sombrero.)*

Paulus.— ¡Daniel! *(Daniel se vuelve. Paulus da unos pasos hacia él.)* No quiero negar cosas que acaso sean ciertas [ni me voy a rebajar a mentirte.] Sé a pesar de todo que trabajo por motivos más dignos que toda esa basura que cada cual puede llevar dentro. Esa es mi fuerza y no quiero saber nada más. Tú eres un S. P. y no has dejado de serlo. *(Recoge la pistola y el carnet de la mesa. Él mismo le introduce en el pecho la pistola.)* Guarda tu pistola. Y tu carnet. *(Se lo mete en el bolsillo de la gabardina.)* Puede que tengas razón en una cosa: tal vez convenga enviarte al extranjero. [Tengo cierta debilidad por ti aunque tú creas lo contrario; puede que allí te repongas... de todo.] Y después de lo que me has dicho te confesaré [con franqueza] que tu presencia aquí ya no me agrada. Reconsideraré el asunto. Hay que esperar una coyuntura apropiada. Entre tanto habrás de continuar con tu trabajo. De modo que hasta mañana por la noche. Puedes retirarte. *(Daniel, que le ha escuchado con una sonrisa de triunfo, se dirige a la percha y toma su sombrero.)*

Daniel.— ¡Le tomo la palabra, señor Paulus! *(Se cubre y baja por los peldaños de la izquierda. Paulus se le queda mirando con gesto impenetrable y luego sale, erguido y con paso enérgico, por la puerta del foro, al tiempo que la luz se extingue en la oficina y crece en casa de los Barnes. En el sillón del teléfono se encuentra* MARY, *abstraída. Unos segundos de pausa. Por la izquierda entra* LA ABUELA *empujando la cuna del niño y la deja junto al teléfono.)*

MARY.– ¿No tendrá frío aquí el niño?

ABUELA.– ¿Eh?... Viene envuelto en su toquilla. Es que no quiero que se despierte con el ruido de la televisión. *(*LA ABUELA *sale por donde entró tarareando sin letra la canción del «Finus».* MARY *se levantó a sus palabras con una leve perplejidad cuya causa no llega a recordar y contempla su salida. Luego va a la cuna y se inclina para mirar al niño.)*

MARY.– [¡Cielito! ¿No tienes frío, nenín?] *(Le arregla la toquilla.)* Así: bien tapadito. Duerme, hijo mío. Tú no tienes la culpa de nada. Tú eres mío. Mío y de nadie más. [Tu madre te quiere. Porque sólo eres de ella... Sólo de ella.] *(Se incorpora, inquieta de nuevo por un confuso recuerdo. Mira hacia la izquierda y vuelve a mirar a la cuna con desasosiego. De pronto se vuelve hacia el foro, expectante, y aguarda. Una pausa. Por el foro entra* DANIEL *y a ella se le escapa un ligero suspiro de sobresalto.* DANIEL *la mira desde la puerta con ojos donde brilla la chispa de una posible liberación.)*

DANIEL.– Hola.

MARY.– *(Musita.)* Hola. *(*DANIEL *va a la estantería y, sin dejar de mirarla, saca su pistola y la deja en el lugar de costumbre. Ella retrocede un paso.)*

DANIEL.– ¿Está dormido?

MARY.– Sí. *(Él da unos pasos hacia la cuna. Ella alarga instintivamente el brazo para detenerlo.)* No lo despiertes.

DANIEL.– *(Se detiene y baja la voz.)* Mary, [parece imposible...] ¡Lo voy a conseguir! Todavía puede haber un futuro para nosotros.

MARY.– *(Turbada.)* No te entiendo.

DANIEL.– He hablado con Paulus. [*(Cruza para escuchar en la puerta de la izquierda y señala hacia afuera.)* ¿Está viendo la televisión?

MARY.– Sí.

DANIEL.– Tenías tú razón, Mary. Con mi cobardía nunca

hubiera cortado este nudo. Pero] hoy me sentía tan desesperado que encontré mi propio valor. Todo me lo ha tenido que oír ese canalla. ¡Todo! Y al fin me ha prometido enviarme al servicio exterior.

MARY.– *(Lo mira fijamente.)* ¿No tienes que volver?

DANIEL.– No esta noche... A eso me he negado [en redondo.] Mañana, sí. *(*MARY *baja la cabeza. Él se acerca.)* [Sí, Mary: es un duro precio. Pero estos días lo estaba pagando por nada y ahora él ha tenido que transigir.] Será cosa de unos días... Yo procuraré hacer en ellos... el menor daño posible, y él no se atreverá a reprochármelo. *(Junto a ella.)* ¡Mary! ¡Qué liberación! Tenía que gritarle la verdad en la cara para volver a ser un hombre. ¡Ahora estoy seguro! ¡Lo noto! Si tú me ayudas, cortaremos todos los nudos. *(La toma por el talle. Ella se estremece. Él le habla al oído, emocionado.)* Lo noto, Mary. Lo presentí allí mismo y ahora, al verte, sé que estamos tocando el prodigio más extraordinario... *(Le acaricia los brazos.)* [Mi paciente, mi abnegada mujercita...] *(Va a besarla. Ella aparta la cabeza con los ojos muy abiertos.)* Ven. *(Intenta conducirla hacia la izquierda. Ella se desprende y se aparta unos pasos, jadeante.)*

MARY.– ¿Qué quieres?

DANIEL.– *(Se acerca, sonriente.)* Mamá se distrae con su televisión y el niño duerme... Es como si estuviéramos solos... *(La toma de la mano.)* Todo puede empezar hoy de nuevo si tú quieres. Me has dado tanta comprensión y tanta generosidad... [Síguemelas dando,] amor mío. Ahora te necesito y te quiero más que nunca.

MARY.– *(Se desprende y retrocede hacia la cuna.)* ¡No!

DANIEL.– ¡Mary! ¡Es la liberación, que comienza! ¡Y soy tu marido! [¡Tú Daniel!]

MARY.– ¡No, no! ¡Tú eres otro! ¡Otro!

[DANIEL.– ¿Qué?

MARY.– ¡Otro!

DANIEL.– *(Va hacia ella.)* ¡Nos necesitamos!

MARY.– ¡No te acerques al niño!

DANIEL.– *(Llega a su lado.)* ¡Es mi hijo! *(La zarandea por los brazos.)* ¡Y tú eres mi mujer!

MARY.– ¡Suelta! ¡Suéltame! *(Grita. Logra desprenderse.)*

DANIEL.– ¡Mary! *(Convulsa,* MARY [*toma al niño de la cuna.)* ¿Qué haces? ¡Deja al niño! *(Oprimiendo al niño contra su pecho,* MARY] *retrocede hacia el fondo.)*

MARY.– ¡No te acerques! ¡Es mío, mío! ¡A él no le harás nada!

DANIEL.– ¿Qué te pasa? *(Junto a la estantería, ella toma de pronto la pistola y,* [*sujetando al niño contra su pecho*], *la monta mientras dice.)*

MARY.– ¡No te acerques!

DANIEL.– [¿Qué haces?] ¡Trae eso! *(Da un paso hacia ella. Ella lo apunta y huye rápidamente, pasando entre el sofá y la mesita para bordear la habitación y situarse en el primer término izquierdo, mientras dice:)*

MARY.– ¡Ojalá no te hubiera conocido nunca! ¡Duerme tú, hijo mío! ¡Tu madre te defiende! [¡Ojalá no te hubiera dado la vida! ¡Perdónamelo tú, ángel mío! ¡Tu madre te protege!] ¡Él no nos hará nada, nada! ¡Tú jugarás con todos los niños del mundo!

DANIEL.– ¡Mary, cálmate! *(Va hacia ella.)* ¡Y dame esa pistola!

MARY.– *(La levanta y grita.)* ¡No des un paso más! *(*DANIEL *se detiene. La luz decrece en la habitación y sube en el primer término.* EL DOCTOR VALMY *y su* SECRETARIA *entran por la derecha.* MARY *y* DANIEL *permanecen absolutamente inmóviles, paralizados en sus gestos y actitudes.* EL DOCTOR *dicta.)*

DOCTOR.– Si se pudiese detener el tiempo... Pensar, antes de que sea demasiado tarde... [Él podría haber pensado: ¿Qué va a ser de mi mujer? ¿De mi hijo? Y ella: Si disparo, estoy perdida.] Pero cuando los [pobres] seres humanos llegan al límite del sufrimiento los arrastra una marea terrible y ya sólo desean cerrar los ojos... sin querer pensar en lo que después sucederá.

SECRETARIA.– Lo que después sucederá. *(*EL SEÑOR DE ES-MOQUIN *y* LA SEÑORA EN TRAJE DE NOCHE *entraron por la izquierda a tiempo de escuchar las últimas palabras del* DOCTOR. *Mientras hablan,* EL DOCTOR VALMY *los mira con tristeza. Súbitamente, luz total en la sala donde se encuentra el público.)*

Señor.— *(Chasquea reprobatorio la lengua y deniega con la cabeza.)* Esto ya no es juego limpio, doctor.

Señora.— *(Su acento, como el del Señor, trasluce una disimulada turbación.)* ¿Es que quiere destrozarnos los nervios con sus relatos inverosímiles?

Señor.— Nos obliga a intervenir de nuevo.

Señora.— *(Al público.)* No le hagan caso, amigos míos. Ya les dijimos que la historia es falsa.

Señor.— Y si ocurrió algo parecido, no fue tan espantoso. Ya sabemos que, alguna vez, hay quien se excede... y quizá se le escapa algún cachete... *(Sonríe su propio chiste.* El doctor *hace una seña. Por la izquierda entra un* Enfermero *y se acerca a la pareja por detrás.)*

Señora.— Pero no hay que armar tanto ruido por tan poca cosa.

Señor.— Permanezcan tranquilos. Nosotros les aseguramos que el doctor les engaña.

Señora.— *(Triste.)* ¡Y no pierdan la sonrisa! *(*El enfermero *los toma por los brazos. Ellos lo miran, desconcertados. Él los empuja suavemente hacia el lateral.)*

Señor.— *(Se resiste y volviéndose al público dice, triste.)* ¡No pierdan la sonrisa! *(Con un tirón algo más seco,* El enfermero *se hace con él y saca a los dos por el lateral. La luz de la sala vuelve a apagarse.)*

Doctor.— Así, [como recordará el lector,] terminó mi anterior historia. [Yo había decidido contar la segunda ante un grupo de pacientes del sanatorio y, al llegar al momento en que ella, enloquecida, empuñó la pistola, el matrimonio de la primera historia me motejó de mentiroso.] De nada sirvió recordarles que ellos eran vecinos de la casa; aludieron precisamente a su condición de vecinos para desmentirme... Al día siguiente yo les daba de alta. [Sí; pues, en definitiva, ¿podía diagnosticárseles un desequilibrio mental porque ninguno de los dos admitiese la realidad de los sucesos que acabo de relatar?] En nuestro extrañísimo mundo, todavía no se puede calificar a esa incredulidad de locura. Y hay [millones] como ellos. Millones de personas que deciden ignorar el mundo en que viven. Pero nadie les llama locos.

SECRETARIA.— Locos.

DOCTOR.— Marido y mujer han vuelto a su vida fácil; y cuando coinciden en el portal con la abuela, ríen y charlan algo más alto... En cuanto al presente relato, logré completarlo por las confidencias de un antiguo condiscípulo mío, un médico de la S. P. Porque allí, bajo la presión física, la carne habla... Bien. [Debemos volver a] nuestra historia. Toca a su fin [y hay que terminarla.] Sucedió en los días en que nuestro país ponía en órbita su estación espacial. *(*LA SECRETARIA *y* EL DOCTOR *salen por la derecha. La luz vuelve a iluminar plenamente la casa de los Barnes.* MARY *y* DANIEL *reviven.)*

MARY.— ¡No des un paso más!

DANIEL.— *(Con los ojos húmedos.)* ¡Mary!

MARY.— ¡Vuelve con ellos! ¡Tú volverás siempre! ¡Tu jefe lo sabe y tú también lo sabes! ¡Porque quieres volver, quieres volver!

DANIEL.— El doctor me lo advirtió. Paulus me ha engañado y nunca curaré. *(Mira a su mujer con obsesiva fijeza. Se le desmayan los brazos. Las lágrimas le resbalan por el rostro.)*

MARY.— Eres un monstruo. *(*DANIEL *acepta la palabra: cierra los ojos y agacha la cabeza.)*

DANIEL.— No hay escape. *(Abre los ojos y mira hondamente a su mujer, a su hijo, a la pistola.)*

MARY.— *(Grita.)* ¡No te muevas! *(Lentamente,* DANIEL *comienza a andar.* MARY *vuelve a gritar.)* ¡No te acerques! *(Pero él sigue avanzando sin dejar de mirarla. Presa de un terror indominable, ella grita de nuevo, al tiempo que dispara.* DANIEL *cae, casi sonriente. Aún logra incorporarse con esfuerzo para mirar a su mujer.)*

DANIEL.— ¡Gracias!... *(*MARY *vuelve a disparar. El niño llora.* MARY *deja caer el arma al suelo [y mece al niño,] mirando con ojos angustiados el cuerpo de su marido. Al segundo disparo, una luz irreal empezó a crecer en la oficina. El Nocturno de Chopin comienza a oírse, muy lejano.* LA ABUELA *entra precipitadamente por la izquierda, mira a su nuera, a la pistola, y corre a arrodillarse junto al cuerpo de su hijo.)*

ABUELA.— ¡Daniel! ¡Daniel, hijo! ¡Hijo mío!... *(Solloza. En la oficina se abre la puerta del foro y entra* PAULUS, *que llega a la mesa y se inmoviliza. Tras él,* MARSAN, POZNER *y* LUIGI *entran a su vez. Todos aguardan, inmóviles.* LA ABUELA *se incorpora y mira con odio a* MARY.*) ¡Bribona!... (Se levanta sin perderla de vista y corre al teléfono para marcar, nerviosa, un número. El piano suena más fuerte y en la oficina no vibra ningún timbre, pero* PAULUS *toma el auricular y escucha.* LA ABUELA *dice algo inaudible y cuelga.* PAULUS *cuelga y señala a* MARSAN *y a* POZNER, *que asienten y comienzan a bajar la escalerilla frontal. Luego señala a* LUIGI, *que asiente y baja por la escalerilla de la izquierda.* MARSAN *y* POZNER *pasan de la escalerilla a la casa y contemplan el cuerpo de* DANIEL. POZNER *se inclina y comprueba que esta muerto.* MARSAN *se acerca a* MARY, *recoge del suelo la pistola con un pañuelo y se aparta para indicarle que camine, mirándola con ojos inescrutables. En la oficina,* LUIGI *reaparece por la izquierda conduciendo a* LUCILA. MARY *cruza lentamente hacia la derecha. Ante* LA ABUELA *se detiene,* [*besa al niño con honda ternura y se lo entrega.*] *Después baja de la plataforma y comienza a subir la escalerilla, precedida de* POZNER *y seguida de* MARSAN. *El piano pasa sin interrupción a la Canción de Cuna de Brahms.* LA ABUELA *se sienta en el sillón* [*y mece, llorosa, al niño,*] *mientras contempla furtivamente el cadáver de su hijo.*)

ABUELA.–*(Casi no se la oye.)* Érase que se era un niño [pequeñito,] más bonito que el sol, que se llamaba Danielito... Y Danielito era muy guapo y muy bueno, y tenía una mamá que lo adoraba... Y decía su mamá: mi Danielito se hará [fuerte y] grande como un capitán. Y Danielito sonreía... Y como es tan buenísimo, todos le querrán y serán sus amigos. Y Danielito sonreía... *(Entre tanto,* MARY *llegó arriba. Una profunda mirada se cruza entre ella y* LUCILA. *Las dos, de cara al proscenio, contemplan en el vacío su destino, rodeadas por las caras impenetrables de los hombres. La escena entera se sume en la penumbra, salvo la luz que ilumina a* MARY *y la suave claridad que cae sobre el banco vacío. En esa penumbra, se oyen las últimas palabras de* LA ABUELA. *El piano sigue sonando.*)

TELÓN

MITO

LIBRO PARA UNA ÓPERA

INTERVIENEN

Voz 1.ª
Voz 2.ª
Voz 3.ª
Voz 4.ª
Voz 5.ª
TERESINA (La Sobrina)
BÁRBARA (El Ama)
ELOY (Criado)
MICKY (Criada 1.ª)
VICKY (Criada 2.ª)
PEDRO (El Bachiller)
APOLINAR (El Cura)
ARÍSTIDES (El Barbero)
RODOLFO KOZAS (Don Quijote)
SIMÓN (Sancho Panza)
Voz 6.ª
ARCADIO PALMA
MARTA
SALUSTIO (El Ventero)
«DUQUESA»
ELECTRICISTA
«DUQUE»

VISITANTE 1.º
VISITANTE 2.º
VISITANTE 3.º
VISITANTE 4.º
VISITANTE 5.º
VISITANTE 6.º
ISMAEL
1.ª MOZA DEL PARTIDO
2.ª MOZA DEL PARTIDO
EFRÉN (Mozo de Mulas)
MOZUELO
BARRENDERA JOVEN
BARRENDERA VIEJA
POLICÍA 1.º
POLICÍA 2.º
REGIDOR
COMISARIO
POLICÍA 3.º
POLICÍA 4.º
POLICÍA 5.º
SEIS TRAMOYISTAS

CANTANTES, POLICÍAS, PÚBLICO

En el Teatro de la Ópera de una ciudad
de nuestro tiempo

Derecha e izquierda, las del espectador

PARTE PRIMERA

La embocadura de la escena está formada por una obra de ladrillos sobre la que se divisan fragmentos de viejos carteles y avisos, y suscita la sospecha de que no nos encontramos en la sala de un teatro sino en las vastas dependencias posteriores de su escenario. Algo más allá de la embocadura, un par de escalones corre a todo lo largo de la escena. En el primer término de la derecha y delante de estos escalones, un amplio escotillón rectangular del piso, con peldaños de bajada que arrancan de su frente, permite descender al foso; la barandilla de tubos metálicos que lo cerca por sus bordes laterales se transforma, en el borde posterior, en una plancha opaca de la que cuelga, hacia el hueco, una bombilla roja con pantalla que ahora está apagada. Las paredes de ladrillo que forman la extraña embocadura se doblan en ambos laterales hacia el escenario y terminan algo más atrás, dejando abiertos y perdidos en la penumbra los hombros del mismo. En cada una de las dos fajas laterales de pared hay una puerta: son dos camerinos. Un enorme trasto con quebraduras en biombo descansa sobre los escalones que cruzan la escena y la ocultan casi totalmente. Visto por su revés, sólo muestra su artesana superficie de envarillados y listones sobre la gruesa tela; pero se colige, por el irregular contorno de su cresta, que debe de representar un fondo urbano de palacetes, torrecillas y chapiteles castellanos. Iluminaciones laterales y focos cenitales entrevistos más lejos, por encima del trasto, confirman la impresión de que el escenario se divisa desde su fondo. En

los dos extremos de la embocadura, sendas escalerillas lo comunican con la sala. Las personas que, por azar, entren en
ella, advertirán que, tras el enorme trasto, se está representando una ópera. La orquesta lejana ejecutaba ya, cuando entraron, una ampulosa y triste música inspirada en la meseta
ibérica, a cuyos sones no tardan en unirse melancólicas notas
de guitarras. De pronto, estallan sobre la música espaciadas
voces de cantores de ambos sexos, progresivamente lejanas.

Voz 1.ª   ¡El loco va a morir!
Voz 2.ª   ¡Se muere el loco!
Voz 3.ª   ¡Triste es nuestro vivir!
Voz 4.ª   ¡Somos bien poco!

                 *(Una voz femenina entona una vieja copla
                 castellana.)*

Voz 5.ª   Deja tu espada y tu pena
                 a mi orilla reposar.
                 Yo soy el agua serena
                 que tu sed quiere aplacar.

                 *(Vuelven espaciadas voces, desde una remota
                 lejanía hasta muy cerca.)*

Voz 4.ª   ¡El loco va a partir!
Voz 3.ª   ¡Por él yo ruego!
Voz 2.ª   ¡Cuerdo se halla al morir!
Voz 1.ª   ¡Ya no está ciego!

                 *(Izado al telar o sumido en los laterales, el
                 gran trasto desaparece. Entonces se advierten,
                 sesgados, otros trastos menores. El de la izquierda parece representar un trozo de pared
                 con una puerta; el de la derecha, más bajo, la
                 cabecera de un dormitorio, y ambos se divisan, como el trasto desaparecido, por su revés.
                 Adosado al trasto derecho y de perfil, pero li*

*geramente torcido hacia el fondo, hay un le-
cho antiguo. De uno de los relieves de su ca-
becera penden la espada de* DON QUIJOTE *y la
bacía de azófar que el caballero tomara por el
yelmo de Mambrino. A ambos lados del
fondo se columbran los pilares de ladrillo y
metal que forman la parte interior de la embocadura del escenario y, en su altura, los
deslumbrantes focos de las diablas. En el gran
hueco surcado por la luz de los focos exterio-
res vibra el denso gris de la sala oscura. Don
Quijote (*RODOLFO*), en camisón y de rodillas
sobre el lecho, recibe la absolución del Cura
(*APOLINAR*). El Ama (*BÁRBARA*), la Sobrina
(*TERESINA*), el Barbero (*ARÍSTIDES*) y el Bachiller (*PEDRO*) aguardan, por el orden en que
han de entrar en escena, junto a la puerta del
trasto izquierdo. Por delante de los escalones
avanzan de derecha a izquierda una criadita
(*MICKY*), un criado cincuentón (*ELOY*) y otra
criadita (*VICKY*), deteniéndose, en bellas pos-
turas expectantes, a distancias regulares.)*

LA SOBRINA.	¡Mi tío y señor se muere! ¡Se nos muere!
EL AMA.	¡Mi señor Don Alonso morir quiere!
CRIADO.	*(Fuerte.)*
	¡Don Quijote agoniza! ¡Dios lo ordena!

*(Los que aguardan junto a la puerta se miran
consternados y el* BARBERO *adelanta un paso
para indicar al criado (*ELOY*) que no cante
tan fuerte.* DON QUIJOTE *reza inmóvil y de rodillas.* EL CURA *se volvió y se encamina hacia
la puerta.*

CRIADA 1.ª	¡Nuestro señor acoja su alma buena!
CRIADA 2.ª	¡Se muere!

El Ama.   ¡Mi señor!
La Sobrina.   ¡Ya se nos va!
Bachiller.   Que no os oiga él llorar, por caridad.
El Cura.   *(En la puerta.)*
                Muy cierto es que está cuerdo y que se muere
                Quijano el Bueno, porque Dios lo quiere.

                *(Se aparta y entran todos. El Ama y La So-
                brina se acercan presurosas al lecho.)*
La Sobrina.   ¡Buen Jesús!
El Ama.   ¡Mi señor, no coja frío!
La Sobrina.   ¡Vuelva a arropar sus carnes, señor tío!

                *(Entre las dos meten a Don Quijote en el le-
                cho y le acomodan las almohadas. Los tres
                criados llegaron a su vez a la puerta y entran,
                respetuosos, Sancho Panza (Simón) aparece
                por la izquierda, se aposta junto a la puerta y
                bosteza en silencio.)*

Barbero.   Don Alonso, aún podría yo sangrarle
                y de aquesta flaqueza rescatarle.
D. Quijote.   No, buen barbero, no. Ya no estoy loco,
                y sé que me voy yendo poco a poco.

                *(La voz femenina entona, lejos, otra estrofa de
                la copla.)*

Voz 5.ª   El Caballero llegaba
                a la fontecica fría
                para aliviar su agonía
                y el agua no le saciaba.

                (Don Quijote se incorporó para escuchar.)

El Cura.   Alguna moza es, que no repara...

D. QUIJOTE.   ¡Si alguien en el Toboso así cantara!...

                     (Un tiempo.)

                     Llamad a Sancho.

                     *(SANCHO se precipita llorando en escena y se
                     arrodilla junto al lecho.)*

SANCHO.   ¡Padre y dueño mío!
D. QUIJOTE.   Sancho, perdóname tu desvarío.
SANCHO.   Vuesa merced un buen consejo tome.
                     Vuesa merced no muera y se levante
                     dejando esa tristeza que le come.
                     Al campo nos iremos de pastores
                     y a Doña Dulcinea cantaremos
                     con el zurrón repleto de primores.
D. QUIJOTE.   ¡Ah, Sancho bueno, tu alma simple y pura
                     aún quisiera soñar junto a la mía
                     en una España llena de ventura!
                     Despierta ya. Que en los nidos de antaño,
                     Sancho infeliz..., no hay pájaros hogaño...

                     *(Muere. Sollozando, todos se arrodillan y se
                     santiguan. La voz femenina termina la copla.)*

VOZ 5.ª   El Caballero partió.
                     La fontecica lloraba
                     y de sollozar no acaba
                     porque él ya nunca volvió...

                     *(El telón del fondo comenzó a bajar lenta-
                     mente. La orquesta del fondo lanza su bri-
                     llante final. Los aplausos se adelantan, atro-
                     nadores. El telón baja y vuelve a subir. Los
                     cantantes permanecen en cuadro. A los
                     aplausos se suman los usuales «bravos» histé-
                     ricos. El resto de la Compañía aparece por los*

laterales y aguarda. El telón baja. Todos se mueven como rayos y se sitúan en filas ante el telón del fondo. El telón sube. La sala del fondo se ha iluminado. El director ARCADIO PALMA, *de frac y con una condecoración al cuello, aparece y se aposta junto a la puerta del trasto izquierdo. La Compañía saluda, entre aclamaciones, al público. Luego se vuelve hacia un invisible palco de la izquierda y le dedica una exagerada y solemnísima reverencia. El telón baja. El* SEÑOR PALMA *sisea:* TERESINA *(*La Sobrina*) corre a buscarlo y lo conduce al proscenio mientras el telón vuelve a subir. Los aplausos y «bravos» arrecian. El* SEÑOR PALMA *y la Compañía saludan al público y de nuevo al palco, repitiendo la fantochesca zalema. Las filas de cantantes se descomponen y dejan en el centro al* SEÑOR PALMA *y a* RODOLFO KOZAS *(*Don Quijote*), que saludan y, ante las aclamaciones, se abrazan. Luego vuelven a doblarse ante el palco invisible. La orquesta inicia un breve himno nacional que es muy, muy alegre. El público rompe a aplaudir. El* SEÑOR PALMA *y los cantantes aplauden también, vueltos hacia el palco invisible. El himno termina y se oye en la sala del fondo una aflautada voz que canturrea.)*

Voz 6.ª   ¡Viva el señor presidente!

(Y gran parte del público responde con esta curiosa cantinela.)

PÚBLICO.   ¡Viva, viva, viva! ¡Va, va!

(El telón baja definitivamente. El SEÑOR PALMA *desaparece por la izquierda cantando.)*

SR. PALMA.   ¡Aguárdenme, que corro a despedirlo!

(Con su voz la música inicia un nuevo motivo. Los cantantes van formando grupos hacia la izquierda, con las caras llenas de satisfacción. Espiándolos disimuladamente, ELOY se aparta de ellos, se acerca al lecho, atrapa con un rápido ademán la bacía y la oprime contra su pecho. Al volverse, RODOLFO KOZAS muestra sobre su camisón de escena una condecoración idéntica a la que ostentaba el SEÑOR PALMA. Su mano y la de TERESINA se enlazan.)

MICKY.   ¡Qué hermosa noche!
VICKY.   ¡Premios, alegría!
RODOLFO.   *(Con intención, a* TERESINA.*)*
              No ha hecho más que empezar...
TERESINA.   *(Se desenlaza, púdica.)*
                              ¡Oh, qué indiscreto!
PEDRO.   Reparad en Eloy.

(Todos miran a ELOY, *reprimiendo la risa. Él lo nota y permanece inmóvil, sin mirar a nadie.)*

RODOLFO.   Es lo de siempre.
              Dejadle desgranar viejos recuerdos.
MICKY.   ¿Recuerdos?
RODOLFO.   Una noche, hace diez años
              él cantó mi papel.
MICKY.   ¿Era famoso?
RODOLFO.   Fue su oportunidad y la ha perdido.

*(*ELOY *se decide a avanzar bruscamente, sentándose a la derecha sobre los escalones. Luego se encasqueta la bacía y mira al frente con los puños en las mejillas, entre las sonrisas de todos.* SIMÓN, *que representó a Sancho, empieza a desvestirse.)*

SIMÓN.   Yo me voy a cambiar.
BÁRBARA.   *(Por* ELOY.)

                                    No le hagáis caso.
               ¡Hoy cantó como un ángel, señor Kozas!

               (No sin mirar con recatada curiosidad a ELOY,
               SIMÓN *se dirige al camerino de la izquierda,
               cuya puerta abre y cuya luz enciende al entrar.)*

RODOLFO.   Había que honrar a nuestro presidente.

               *(*MARTA, *una chica no fea pero de apariencia
               anodina, entra, con blusa de trabajo, por la
               derecha. Recoge la espada de Don Quijote col-
               gada en el testero y, al no ver la bacía, mira a*
               ELOY, *suspira y se dedica a recoger otras cosas
               que le dan los cantantes: la espada del «Du-
               que», una gruesa cadena y el tocado de la
               «Duquesa», etc. Ajenos al parecer a cuanto
               sucede – aunque nunca dejan de observar–,
               seis* TRAMOYISTAS *entran por ambos laterales.
               Dos de ellos sujetan y vigilan la subida al telar
               del trasto izquierdo; los otros cuatro deslizan
               el lecho y su testero hacia la derecha mientras
               los cantantes siguen departiendo. Luego se re-
               tiran.)*

VICKY.   *(A* RODOLFO.)
               ¿Me deja ver la cruz de muy cerquita?
RODOLFO.   Claro que sí.

               (Se arranca los bigotes y la perilla.)

VICKY.   ¡Qué lindo es el esmalte!
RODOLFO.   *(Se alisa los cabellos.)*
               No tanto como tú.

               *(*TERESINA *lo pellizca son saña.)*

                                    ¡Quieta, muchacha!

VICKY.   Señorita, son bromas sin malicia.
TERESINA.   *(Por* RODOLFO.*)*
   ¡No hable usted por su boca, señorita!

   *(Los focos de escena se van apagando. El esce-
   nario queda iluminado por una luz fría y di-
   fusa.)*

VICKY.   Perdón.
RODOLFO.   Pero, ¿qué es esto?
TERESINA.   Que la noche
no ha hecho más que empezar, como tú dices.

   (Se aparta contrariada.)

PEDRO   ¡Y muy bien que empezó! Cincuenta fueron
las condecoraciones otorgadas
hoy en todo el país.

   *(*RODOLFO *le da a* MARTA, *que le tendía la
   mano para recogerlos, sus postizos.)*

RODOLFO.   Gracias, pitusa...

   (Y le toma, galante, la barbilla. TERESINA *los
   contempla, inquieta.* MARTA *se zafa, con un
   mohín un tanto ridículo.)*

MARTA.   Por favor...
APOLINAR.   *(Toma a* RODOLFO *del brazo y lo aparta.)*
          ¡Pero pocas tan bien dadas
como las que esta noche festejamos!

   *(Los cantantes se van apiñando en torno a
   los dos.)*

ARÍSTIDES.   ¡Muy merecida la tenía Rodolfo!

VICKY.   ¡Y el señor Palma!
SALUSTIO.   *(Palmea, adulador, el cogote de* RODOLFO.*)*
                              ¡Grandes servidores
               de un gran país y de una gran cultura!
RODOLFO.   Me abrumáis...
«DUQUESA».   ¡Es justicia, caro amigo!
TERESINA.   *(Que se quedó sola a la derecha, decide cam-*
               biar de actitud.)
               Sí, amigo mío, gran justicia ha sido.

               (Avanza hacia él conmovida.)

               Y yo he... llorado, viendo al presidente,
               cuando en el entreacto y aquí mismo
               la cruz te puso al cuello.
APOLINAR.   ¡Qué gran hombre!
TERESINA.   ¡Es el mejor barítono del mundo!
APOLINAR.   ¿El presidente?
TERESINA.   ¡No, señor! ¡Rodolfo!

               (Mimosa, se acerca a RODOLFO.*)*

RODOLFO.   *(La enlaza.)*
               ¡Jamás olvidaremos estas horas!
               ¡Una alegre velada nos aguarda!
               ¡La nación y la ópera prosperan!
TERESINA.   ¡Y el amor nos concede su ventura!
RODOLFO.   *(Canta, exultante, los gritos.)*
               ¡Viva, viva, viva!
TODOS.   ¡Va, va!

               *(*TERESINA *se echó en los brazos de* RODOLFO.
               Tras su recorrido, en el que recogió diversas
               cosas, MARTA *se acerca tímidamente a* ELOY.
               Él nota su llegada y la mira de soslayo, in-
               quieto.)

PEDRO.   Fijaos en Eloy.
RODOLFO.   No dará el yelmo.

TERESINA.	Qué extrañamente mira a esa muchacha...
RODOLFO.	Teme que se lo pida.
TERESINA.	No. No es eso...
RODOLFO.	*(Se encoge de hombros.)*
	Será que está pensando en musarañas.

(Con mucha timidez, MARTA señala a la bacía. ELOY se levanta despacio, muy turbado, con una leve negativa que es un ruego. Ella pregunta con un gesto: «¿No?» Él junta suavemente las manos suplicantes. Ella baja los ojos y cruza hacia la derecha; antes de salir se vuelve a mirarlo, desasosegada. Él, que la siguió con la vista, desvía la cabeza al mirarlo ella, emocionado. MARTA sale. ELOY se sienta y vuelve a apoyar la cara sobre los puños.)

APOLINAR.	En lo que piensa es en los visitantes.
MICKY.	¿Qué visitantes?
MUCHOS.	*(Con sorna.)*
	¡Ah! Los visitantes.

(ELOY los mira de reojo y decide ignorarlos. SIMÓN ha oído y sale a medio vestir de su camerino. Entre él y ELOY se cruza una mirada.)

MICKY.	Pero ¿qué visitantes?
RODOLFO.	¿No lo sabes?
MICKY.	Como soy nueva aquí...
PEDRO.	*(Sonríe, con un dedo en los labios.)*
	¡No lo preguntes!
RODOLFO.	*(Acercándose a ELOY, brinda sus palabras a los demás.)*
	El hombre sólo piensa en su secreto...
	Por eso aún no me ha felicitado.
MUCHOS.	¿Será posible?
RODOLFO.	Claro que es posible.
	Siempre afirmó que soy un mal barítono.

MUCHOS.   ¡Qué insensatez!
RODOLFO.   ¡Eloy es tan sincero!
BÁRBARA.   *(Con sorna.)*
            Quizá, pensando siempre en visitantes,
            no reparó...
RODOLFO.   Se lo preguntaremos.
            ¿Es eso, Eloy? ¿Quizá no reparaste
            en las dos cruces que hoy el presidente
            concedió a dos personas que conoces?

            (Columpia, irónico, su cruz.)

            ¿O quizá ni siquiera has reparado
            en que esta noche vino el presidente?
MUCHOS.   ¡Ja, ja! ¡Ja, ja! ¡Ja, ja!
ELOY.   He reparado.
RODOLFO.   ¡Pues nadie lo diría, viejo amigo!
ELOY.   Ayer, muchas tarimas levantaron
            buscando alguna bomba, y esta noche
            la casa se llenó de policías.
RODOLFO.   ¡Pero eso es natural!
ELOY.   He reparado.
MUCHOS.   ¡Es natural!
RODOLFO.   ¡En qué cosas reparas!
MUCHOS.   ¡Tan naturales!
RODOLFO.   ¡En la policía
            hay que ser criminal para fijarse!
ELOY.   Yo no soy criminal y me he fijado.
RODOLFO.   *(Se toquetea otra vez la cruz.)*
            Y en dos deslumbradoras crucecitas,
            ¿reparaste quizás?
ELOY.   He reparado.
RODOLFO.   *(Con enorme inocencia.)*
            ¿De veras?
MUCHOS.   ¡Ja, ja, ja! ¡Genial, Rodolfo!
ELOY.   *(Se levanta.)*
            También he reparado en que ha lucido
            la cruz sobre el disfraz de Don Quijote.
            Tal vez en el libreto así se indica.

RODOLFO.	*(Molesto.)*
	Era una deferencia al presidente.
	No puede comprender esas finezas
	un cantante sin nombre y fracasado.
	¡Qué le vamos a hacer! Sólo muy pocos
	a ser buenos barítonos llegaron.
ELOY.	Dando el «la» natural.
RODOLFO.	¿Qué es lo que has dicho?
ELOY.	Dando el «la» natural. ¿Sabe qué es eso?
RODOLFO.	*(Rojo.)*
	¡Naturalmente!
ELOY.	Por si lo ha olvidado,
	déjeme recordarlo. Es esta nota.

(Lanza un limpio «la» natural.)

RODOLFO.	¡Eres un solemnísimo payaso!
ELOY.	*(Imperturbable.)*
	¿Lo puede usted cantar?
RODOLFO.	*(Exaltado.)*
	¡Sí, mas no ahora,
	no debo destrozarme la garganta.
ELOY.	Lo comprendo muy bien. Por eso manda
	transportar tesituras en sus arias.
RODOLFO.	*(Después de un momento de muda cólera.)*
	¡No te escucharé más, pobre insolente!

(Y le da la espalda para reunirse, despreciativo, con los otros. TERESINA *se enfrenta con* ELOY.*)*

TERESINA.	¿Cómo se atreve a hablarle así a Rodolfo?
ELOY.	*(Seco.)*
	No intervengas en esto, chiquilina.
TERESINA.	¿Chiquilina? ¡Yo soy la «prima donna»!
ELOY.	Y él el «divo». Creced. Multiplicaos.

(Vuelve a sentarse.)

TERESINA.　　　　¿No será que las uvas están verdes?

　　　　　　　　　(ELOY sonríe y se encoge de hombros.)

MUCHOS.　　　　¡Ja, ja, ja! ¡Muy bien dicho, señorita!
TERESINA.　　　　¿A qué, si no, se pone usted el yelmo?

　　　　　　　　　(ELOY la mira.)

　　　　　　　　　Todos sabemos que hizo el Don Quijote
　　　　　　　　　aquí mismo, hace años, una noche...
ELOY.　　　　　　*(Se levanta desconcertado.)*
　　　　　　　　　Ni me acuerdo de aquello.
TERESINA.　　　　*(Modela con las manos una imaginaria bacía
　　　　　　　　　sobre su propia cabeza.)*
　　　　　　　　　　　　　　　　　¡Ni se acuerda!

　　　　　　　　　*(Y le vuelve la espalda para reunirse con RO-
　　　　　　　　　DOLFO, que le sonríe aprobatorio.)*

MUCHOS.　　　　¡Ja, ja, ja! ¡Son el diablo las mujeres!
ELOY.　　　　　　*(Da unos pasos hacia ellos.)*
　　　　　　　　　¡Os digo que no es eso!
TERESINA.　　　　　　　　　　　　¿Qué es, entonces?
ELOY.　　　　　　*(Después de un momento.)*
　　　　　　　　　No echaré margaritas a los puercos.
MUCHOS.　　　　¡Se insulta cuando faltan argumentos!
ELOY.　　　　　　Chillad como ratones. Yo me callo.

　　　　　　　　　(Se sienta y aguanta, estoico.)

«DUQUESA».　　Dejadle devanar sus chifladuras.
　　　　　　　　　Ninguna falta hace en nuestra fiesta.
ELOY.　　　　　　Quisiera yo saber qué se festeja.
APOLINAR.　　　　El honor que nos ha hecho el presidente,
　　　　　　　　　nuestra amistad, dos cruces bien ganadas,
　　　　　　　　　el auge y la riqueza de la patria.

ELOY.   Dulce pintura. Sabe a caramelo.
                   La voy a completar, con su licencia.
                   Hay que pasar la noche en el teatro;
                   la consigna se dio hace cuatro fechas.
                   Desde las doce, la ciudad entera
                   se esconderá en las cuevas y refugios
                   y aprenderá a vivir como los topos
                   hasta que la consigna se levante.
MUCHOS.   ¡Es natural y ya pasó otras veces!
                   Es otro ensayo de defensa atómica
                   contra un fingido ataque nuclear.
ELOY.   Los músicos corrieron a sus casas.
                   El presidente regresó a palacio.
                   El supuesto civil puede iniciarse:
                   mejor se aceptará con fiesta y risas.
MUCHOS.   ¡Es cosa natural y necesaria!
ELOY.   ¡Sabio gobierno, que mantiene la ópera
                   y concede oportunos galardones
                   para endulzar consignas necesarias!
                   Todo es claro y sencillo: precauciones,
                   pero ningún peligro. ¿Qué ha de haberlo,
                   si el mismo presidente nos sonríe
                   y aplaude complacido desde un palco?
MUCHOS.   ¡Naturalmente! ¿No se había enterado?
ELOY.   La ciudad cierra tiendas y oficinas,
                   ahorra gasolina, aprende calma.
                   Para que la enseñanza sea completa
                   y nuestros nervios sepan relajarse
                   se oye constante ruido de explosiones
                   durante los ensayos de defensa.
MUCHOS.   ¡Muy natural! ¡Es la pedagogía!
ELOY.   Si la guerra estalló sin avisarnos
                   y cayeran las bombas esta noche,
                   continuaremos tan despreocupados
                   como en el popular cuento del lobo.

                   (Todos callan y se miran perplejos. EL ELEC-
                   TRICISTA *sube del foso, enciende la luz roja de*

la barandilla y se queda mirando a ELOY. *Es un hombre maduro, con ropa de faena y gafas.)*

Calmaos. Pues tal vez estos ensayos
a otra causa obedecen, que nos callan.

MUCHOS.   ¿Otra causa?
ELOY.   Otra causa.
MICKY.   ¿Qué otra causa?
RODOLFO.   *(Sardónico.)*
                ¡No se lo preguntéis! ¡Los visitantes!
MICKY.   Pero ¿qué visitantes?
MUCHOS.   *(Con sorna.)*
                                ¡Ah! Misterio...
ELECTRICISTA. *(Mira su reloj y levanta un dedo señalando al aire.)*
                Silencio, por favor. Escuchen todos.

(Suenas las doce en una torre lejana. Los seis TRAMOYISTAS *aparecen por ambos laterales y dejan doce sillas a los dos lados de la escena. Luego escuchan, inmóviles, al* ELECTRICISTA. *La música inicia un nuevo motivo.)*

SALUSTIO.   El supuesto ha comenzado.
VICKY.   ¿Descendemos a los fosos?
ELECTRICISTA. *(Habla siempre con leve tono sentencioso.)*
                Tal vez el supuesto tenga
                otra causa que nos callan.
                Mas no la que Eloy supone.
                El pobre sueña en fantasmas;
                yo sólo creo en la ciencia.
                La razón es tan segura
                como la electricidad.
                Quizá otra causa nos callan.
RODOLFO.   ¿Qué causa es ésa?
ELECTRICISTA.   La huelga.

RODOLFO.   ¿Otra huelga?
ELECTRICISTA.   Que el supuesto
nos oculta limpiamente,
metiéndonos en refugios.

(MARTA reaparece por la derecha y escucha.
ELOY se inmuta al verla.)

Hábil gobierno, y astuto;
nos vuelve a todos huelguistas
y así la huelga no existe.
No es mal gobierno. Discurre.
Mas si a fondo conociera
la electricidad social
dominaría sus leyes
y no estallarían huelgas.
No es mal gobierno. Prospera
el país y los rebeldes
van perdiendo las razones
que tienen para agitarse.
Pero, si fuera perfecto,
el gobierno llamaría
a otros hombres que le faltan...

MUCHOS.   ¿Qué otros hombres?
ELECTRICISTA.   Está claro...
No hablo porque yo lo sea...

MUCHOS.   ¿A quiénes llamar debiera?
ELECTRICISTA. *(Modesto.)*
A algunos electricistas.

SR. PALMA.   *(Voz de, por la izquierda. Nuevo tema mu-*
sical.)
¡Dadme albricias, amigos, dadme albricias!

(Entra en escena.)

La compañía pasará el supuesto
en camerinos y en el saloncillo.
Merced especial es; no digáis nunca
que el propio presidente la concede.

| | Y otra feliz noticia, reservada: |

Y otra feliz noticia, reservada:
me ha dejado entender, sin afirmarlo,
que la consigna se alzará algo antes
de que comience la función mañana.

TODOS.   ¡Viva, viva, viva! ¡Va, va!

SR. PALMA.   Id a cambiaros, que en el saloncillo,
como especial obsequio del gobierno
y para festejar nuestras dos cruces,
una sabrosa cena nos espera.

MUCHOS.   ¿Viva, viva, viva! ¡Va, va!

SR. PALMA.   ¡Electricista!

ELECTRICISTA.   Diga, señor Palma.

SR. PALMA.   ¿Está todo dispuesto ya en el foso?
¿Abundante comida?

ELECTRICISTA.   Por supuesto.
Y todas las demás comodidades
por nuestro grupo autoelectrificadas.

SR. PALMA.   Pues que baje el servicio del teatro.

ELECTRICISTA   Por la otra escalerilla casi todos
bajaron ya. Sólo unos pocos faltan.

SR. PALMA.   Pues que bajen y cumplan la consigna.
Usted puede venirse con nosotros.

ELECTRICISTA. Muchas gracias, señor.

(A los TRAMOYISTAS.*)*

Ya habéis oído.

*(En medio de un silencio que la música su-
braya sordamente, los seis* TRAMOYISTAS *desfilan hacia el escotillón. Música de explosiones.
Los* TRAMOYISTAS *se detienen. Los cantantes
se miran entre sí y miran a* ELOY. *Crepitar de
disparos. La música cambia de tema.)*

ELOY.   *(Para sí.)*
¿Bomba, huelga o visitantes?
Adivina, adivinanza.

SR. PALMA.   ¿Qué les pasa, amigos míos?
                    La brigada de los ruidos
                    ha empezado su tarea
                    y educa nuestros reflejos.
MUCHOS.   *(Tras un sonoro suspiro general.)*
                    ¡Sólo es la pedagogía!
ELECTRICISTA.   *(Caviloso.)*
                    También se oyeron disparos...
                    Como hay huelga...
SR. PALMA.   *(Sonriente.)*
                                            ¡Son disparos
                    asimismo pedagógicos!
MUCHOS.   ¡Sólo es la pedagogía!
ELECTRICISTA.   Tal vez.

                    (A los TRAMOYISTAS.*)*

                    Descended al foso.

                    (Los TRAMOYISTAS *bajan al foso.* MARTA *titu-
                    bea y mira a* ELOY, *de quien espera acaso res-
                    catar la bacía.* ELOY *rehúye su mirada y ella
                    opta por bajar también al foso. Cambia el
                    ritmo musical.)*

SR. PALMA.   ¡Espero a todos en el saloncillo!

                    *(Saluda con un ademán y sale por la iz-
                    quierda.)*

RODOLFO.   ¡A cambiarse!
BÁRBARA.   *(Pese a sus años.)*
                                       ¡A cambiarse y a gozar!
RODOLFO.   ¡Vamos, amigos! ¡Viva el señor Palma!
TERESINA.   ¡Y Rodolfo!
MUCHOS.   ¡Que vivan muchos años!

(APOLINAR *inicia la marcha. Todos van saliendo por la izquierda.*)

APOLINAR.   ¡Viva, viva, viva!
TODOS.   ¡Va, va!
RODOLFO.   ¡La nación y la ópera prosperan,
             y el amor nos concede su ventura!
TODOS.   ¡Viva, viva, viva! ¡Va, va!

(*Se pierden sus voces. Una nueva explosión se oye, más lejana.* SIMÓN, *que no ha salido, da un respingo.* ELOY *atiende. La música se amansa y ahora es casi un susurro.* ELOY *se sienta y vuelve a apoyar su cabeza en los puños.* SIMÓN *se acerca y se sienta a su lado.*)

ELOY.   Hallan lo absurdo natural y sueñan
             que es bella y fuerte su ciudad podrida.
SIMÓN.   ¿Por qué les canta usted tantas verdades?
             Le perjudica...
ELOY.   Me lo ordenan ellos.
SIMÓN.   ¿Los visitantes?
ELOY.   Sí.
SIMÓN.   (*Con leve escepticismo.*)
                                    Verlos quisiera.
ELOY.   Simón, las bombas que esta noche explotan
             podrían ser muy ciertas.
SIMÓN.   ¡No me asuste!
ELOY.   Su fragor es más fuerte que otras veces.
             Tal vez los visitantes han llegado.
SIMÓN.   ¿Lo sabe usted de fijo, o lo supone?
ELOY.   (*Después de un momento.*)
             Es pronto para hablar.
SIMÓN.   ¡Qué va a ser pronto!
             Señor Eloy, soy pobre. Yo quisiera
             recordarle esta noche su promesa.
             Tengo hijos y mujer, y apenas gano
             para darles vestidos y comida.

Sé que no canto bien; fue por mis carnes
por lo que me eligieron para Sancho.
Poco importa, lo sé. Cuando ellos lleguen,
sepa que mi ambición no es desmedida.
De esta ciudad podrida y despreciable
me conformo con ser burgomaestre.

(Da un imaginario golpe en el suelo con un bastón imaginario.)

ELOY.   A cuantos creen en ellos necesitan.
Serás burgomaestre y cantaremos
al fin nuevas palabras.
SIMÓN.   ¿Cantaremos?
ELOY.   Son músicos, y cantan cuando hablan.
¡Ah, Simón, si pudieras comprenderlo!
Las más tremendas cosas se avecinan.
Ellos nos visitaban ya hace siglos
con sus raudos platillos voladores
y ahora aterrizarán para salvarnos
de nuestra propia insania. Quizá el cielo
está lleno a estas horas de platillos
y el gobierno nos manda a los refugios
para que lo ignoremos. ¡Vano empeño!
No saben que ya están entre nosotros.
SIMÓN.   ¿Entre nosotros?
ELOY.   Sin que lo advirtamos,
conviven con nosotros a millares.
Nos están estudiando. Y hay objetos
sencillos y en el fondo misteriosos
que aquí y allá nos fueron arrojados...

(Sus manos dibujan en el aire extrañas caídas.)

SIMÓN.   ¿Para qué?
ELOY.   Son objetos detectores.

SIMÓN.	¿Como si fueran radios?
ELOY.	Más o menos.

(Confidencial.)

Uno de ellos se encuentra en el teatro.

SIMÓN.   ¿Cómo lo sabe usted?

ELOY.   Porque el objeto...
lo tengo en la cabeza.

SIMÓN.   ¿Dentro?

ELOY.   ¡Fuera!

SIMÓN.   ¡Ja, ja! ¡Ja, ja! ¿El yelmo de Mambrino?

*(*ELOY *se descubre y sostiene la bacía con ademán solemne.)*

ELOY.   Desde él te están viendo y escuchando.
Repara en su dibujo, que es la forma
perfecta de un platillo, con el cerco...,
la torreta...

(Por la escotadura.)

Y aquí, la portezuela.

(Mueve la bacía como si fuese un platillo que descendiese.)

SIMÓN.   ¡Que no, señor Eloy!

ELOY.   ¿No tienes ojos?

SIMÓN.   ¡Su forma es de bacía de barbero!

(Le arrebata la bacía, se la adosa al cuello y finge enjabonarse.)

¡Un cacharro corriente, que hace siglos
tenía ya esta forma!

ELOY.   Fue ideada
por un hábil y antiguo visitante.

SIMÓN.   ¿Un barbero marciano?
ELOY.   ¡Trae el yelmo!
          No es para el cuello, es para la cabeza.

          (Se lo quita, lo vuelve y se lo pone.)

SIMÓN.   ¡Que no, señor Eloy!
ELOY.   ¡Escucha, simple!
          Tú vas a oír la música increíble;
          la música que oigo y que me habla.

          (Se descubre de nuevo.)

          Si percutes en sitios diferentes
          despertarás la extraña melodía.

          *(Percute en diferentes sitios de la bacía, que
          despide un sonido de latón.)*

SIMÓN.   Muy extraña no es... A latón suena...

          *(ELOY lo mira fríamente y sigue percutiendo.
          De pronto, uno de los golpes despierta una
          nota claramente musical. La expresión de
          SIMÓN cambia bruscamente. Tres o cuatro per-
          cusiones más, y otras dos notas saltan. ELOY
          se interrumpe.)*

ELOY.   Mas no sé si debiera confiarte
          un secreto tan grande.
SIMÓN.   *(Con las manos juntas.)*
                              ¡Siga, siga!

          *(ELOY percute. Doce notas cristalinas compo-
          nen una frase sonora. Sigue percutiendo y una
          nueva frase se expande. Entonces separa len-
          tamente la mano de la bacía y ésta, ante el
          asombro de SIMÓN, continúa emitiendo notas*

y notas en risueña catarata... Eloy *levanta la
bacía, que sigue sonando.* Simón *se pasa la
mano por la cara, dudando de lo que oye.
Eloy se encaja, lento, la bacía en la cabeza;
los sonidos se apagan suavemente, pero su
cara se transfigura. Sigilosa,* Marta *asoma la
cabeza por la barandilla del escotillón y los
mira. A poco, sube algunos peldaños más sin
que ellos adviertan su presencia.* Simón *se
oprime los oídos, medroso.)*

Ya nada oigo.

Eloy.   Yo lo sigo oyendo.

Simón.   *(Vuelve a refregarse la cara con las manos, se
tira de las orejas.)*

¡Benditos sois, soplillos míos que oísteis!

(Bailotea, alegre.)

¡Dejen paso al señor burgomaestre!

(Deja de bailar al advertir que Eloy *está mirando fijamente a* Marta. *De repente,* Eloy
*se quita la bacía, que ahora está muda, y la
oprime contra su pecho. Con mucha timidez,*
Marta *extiende las manos.)*

Marta.   ¡Por favor!...

*(*Eloy *oprime aún más la bacía contra su pecho. Ella repite, en silencio, el ademán.)*

Eloy.   ¡Por favor, no me lo quite!...

(Se miran unos segundos. Marta *suspira, desciende por el escotillón y desaparece.* Eloy *se
acerca a la barandilla y mira, cauteloso, hacia
abajo.)*

SIMÓN.	¿Habrá notado algo?
ELOY.	La más dulce criatura del mundo.
SIMÓN.	¿Ella?
ELOY.	Ella.
SIMÓN.	Fea no es.
ELOY.	*(Colérico.)*

ELOY. ¿Qué dices, insensato?
¡Ciegos tus ojos son, pues que no advierten
la luz de una presencia sobrehumana!

SIMÓN. ¿Se refiere a esa chica?

ELOY. ¡De ella hablo!

SIMÓN. ¡Las barbas y la calva de mi abuelo!
¿Se enamoró usted de ella?

ELOY. Calla, necio.
¿Cómo te haré entender que en el teatro
nos observa también un visitante?

(Se cala la bacía.)

SIMÓN. *(Retrocede, asustado.)*
¡Señor Eloy, no lo será usted mismo!

(Cae de rodillas.)

ELOY. *(Lo levanta, misterioso.)*
Es ella.

SIMÓN. ¿Ella?

ELOY. Ella, amigo mío.

SIMÓN. *(Riendo.)*
¡Que no, señor Eloy!

ELOY. ¡Sé lo que digo!

SIMÓN. La chica es servicial y no habla mucho.
Empezó en la limpieza con la escoba
y ahora trabaja en la guardarropía.
Todos dicen que es tonta y se aprovechan;
al pasar, ya le dan buenos azotes.

(Mima la acción.)

Pruebe la aventurilla, si le peta.
Todavía no es viejo.

ELOY.   No profanes
con sucia lengua a una mujer tan grande.
Ella finge humildad, tolera ofensas,
mas no es lo que parece. ¿No recuerdas
cuál es su nombre?

SIMÓN.   Claro que sí, Marta.
ELOY.   Marta viene de Marte.
SIMÓN.   *(Se rasca la cabeza, perplejo.)*
                                        Coincidencias...
ELOY.   Simón, tú has escuchado el son del yelmo.

(Señala a la bacía y después al escotillón.)

Su música inefable me lo ha dicho.
SIMÓN.   ¡Si parece imposible!
ELOY.   Pues es cierto.
SIMÓN.   *(Después de un momento.)*
¡Señor, Señor, qué cosa tan tremenda!
ELOY.   Mayores las verás después del alba.
Y ahora, silencio.
SIMÓN.   ¡Tantas emociones
hambre me han dado, y en el saloncillo
nos espera una mesa suculenta!
¿Nos vamos a cenar?
ELOY.   Estoy cansado.
SIMÓN.   ¡Perdóneme, pero es que muero de hambre!
ELOY.   Pues come y sáciate. Pero ¡silencio!
SIMÓN.   Callado me estaré.

(Marchándose.)

                                ¡Señor, qué cosas!

*(ELOY lo ve partir. Luego se acerca al escoti-
llón y mira hacia abajo. Después se aleja y se
sienta, fatigado, en el escalón. La música se*

vuelve sigilosa y extraña; entre sus acordes se
reiteran, con otros metales, las frescas melo-
días que la bacía emitió momentos antes.
Larga pausa. ELOY *reclinó la cabeza sobre el*
puño; se le cerraron los ojos. La luz baja. La
bombilla roja del escotillón se apaga lenta-
mente. Frías tonalidades ondulantes se inician
en el telón del fondo, crecen hasta invadirlo y
continúan durante la escena siguiente; sutiles
iluminaciones caen sobre ELOY *y sobre el es-*
cotillón. Por él suben del foso seis figuras, que
se detienen un instante antes de aparecer del
todo. Visten ceñida ropa de acerados destellos,
fantásticos cinturones, «verdugos» rutilantes.
Sobre las caras, sonrientes máscaras verdes de
inmensos ojos. Después de mirar a ELOY *por*
unos segundos, terminan de subir y se acercan.)

VISITANTE 1.º   ¡Eloy!
VISITANTE 2.º   ¡Eloy!
VISITANTE 1.º   ¡Eloy!

*(*ELOY *alza la cabeza estupefacto, los mira y se*
levanta.)

ELOY.   ¿No me engaña mi mente? ¿Sois vosotros?
VISITANTE 1.º   Ni tu mente ni el yelmo te engañaron.
         Te anunciamos por él nuestra visita
         y aquí nos tienes.
ELOY.   ¡Gracias sean dadas!

(Se arrodilla.)

VISITANTE 4.º   Eloy, levántate. No somos dioses.
ELOY.   ¡Para mí sí lo sois!
VISITANTE 1.º   Ven aquí, hermano.

(Lo levanta y lo abraza.)

ELOY.   (*Feliz.*)
                ¡Hermano!...
VISITANTE 1.º   De una sola raza somos.
                Los humanos descienden de nosotros
                y el aire que respiran es el mismo
                que en nuestros dos satélites guardamos.
ELOY.   ¡Silencio! Se está abriendo aquella puerta.

                (*En efecto, la puerta del camerino de* SIMÓN *se
                abre despacio, mostrando la luz de su inte-
                rior.*)

                ¡Aunque nadie la mueve!
VISITANTE 5.º   Nada temas.
ELOY.   ¿No está pasando alguien por el hueco?
                Siento como si fuesen dos personas.
VISITANTE 6.º   (*Mientras la puerta se cierra lentamente.*)
                Nuestro poder la mueve desde lejos
                mediante radiaciones que investigan
                los últimos rincones del teatro.
ELOY.   ¿Es vuestra la ciudad?
VISITANTE 1.º   (*Señala a la puerta que se cerró.*)
                                        Sí, de ese modo.
ELOY.   ¿Cuándo la tomaréis militarmente?
LOS SEIS.   Eloy, olvida esa palabra horrible.
                Nosotros nada ansiamos por la fuerza.
ELOY.   ¡Pero es grande el peligro, hermanos míos!
                ¡Una espantosa guerra se prepara!
                ¡Intervenid, o el mundo se destruye!
LOS SEIS.   Para que no suceda hemos bajado.
                Tal vez sea preciso que actuemos,
                más aún no es seguro que lo hagamos;
                por eso hemos querido hablar contigo.
                Debes estar dispuesto a grandes pruebas,
                pues acaso sigamos en la sombra.
                Sufre con entereza y no flaquees;
                el universo entero te contempla.

ELOY.   Dispuesto estoy a ello. Pero, hermanos...
                  mi soledad es grande, y tan amarga...
LOS SEIS.   Tú no estás solo, Eloy. Tú eres legión.
ELOY.   Vosotros sois legión, mas yo estoy solo.
                  Ese pobre Simón, que os aguarda,
                  es deficiente y flojo compañero
                  que a mi alma no basta... Mas, silencio.
                  Prueba es también callar.

(Baja la cabeza, avergonzado.)

VISITANTE 1.º   Tus pensamientos
                  leemos sin trabajo.
ELOY.   ¡Perdonadlos!
VISITANTE 1.º Son nobles pensamientos. No te turbes.

*(Los seis VISITANTES se vuelven hacia el esco-
tillón y esperan. Con los ojos bajos, sube
MARTA por él y se detiene. ELOY tiembla.)*

LOS SEIS.   El planeta que el hombre dice Marte
                  a la vida venera, no a la guerra.
                  Para ti bajó de él su flor más pura,
                  pues, en esta ciudad, sólo tú eres
                  digno de recogerla.
ELOY.   Desfallezco...

(Los VISITANTES lo sostienen.)

LOS SEIS.   Marta te acepta, Eloy. Ella te ama.

*(El VISITANTE 1.º llega hasta MARTA, la toma
de la mano y la conduce junto a ELOY, cuya
mano toma y enlaza con la de ella. ELOY y
MARTA no osan mirarse. Mientras el VISI-
TANTE 1.º canta, inmóvil, los otros cinco tejen
alrededor de la pareja los conjuros de una
danza nupcial.)*

VISITANTE 1.º   ¡Que vuestros pies aromen los caminos!
                 ¡Que un solo cristal formen vuestras almas!
                 ¡Que la luz del futuro os devore!
                 Tú eres el escogido. ¡Canta! ¡Ríe!

                 (Los cinco VISITANTES *se van deslizando, al*
                 terminar su danza, hacia el escotillón. Al pro-
                 ferir el VISITANTE 1.º *la última de sus espacia-*
                 das invocaciones, se detienen súbitamente.)

LOS CINCO.   Dirás que al fin hemos aterrizado.
                 Pero tal vez sigamos en la sombra
                 y deberás sufrir la amarga prueba
                 de las horas vacías de esperanza.

                 (Comienza su descenso.)

VISITANTE 1.º   *(Se encamina al escotillón con un dedo en los*
                 labios.)
                 No reveles a nadie quién es ella.
ELOY.   ¡Se lo dije a Simón!
VISITANTE 1.º   A ningún otro.

                 (Se dispone a bajar.)

ELOY.   ¡Hay mucha gente abajo! ¡Seréis vistos!
VISITANTE 1.º   ¡No nos verán! Sabemos ocultarnos.

                 (Los seis VISITANTES *levantan ambas manos*
                 en rígido saludo y descienden. ELOY *y* MARTA
                 siguen sin atreverse a cruzar la mirada.)

ELOY.   Marta, perdona mis cincuenta años.
MARTA.   Eloy, ya nunca más te sientas solo.
ELOY.   Mírame: como un niño estoy temblando
                 y temo para ti ser sólo un viejo.

MARTA.   Mírame, Eloy. También mis manos tiemblan
                y anhelo para ti ser una niña.

                (Se miran. ELOY la besa de pronto apasiona-
                damente, sobre un gran estallido orquestal.)

LOS DOS.   ¡Que la luz del futuro nos devore!

                (La música se amansa. ELOY le besa entonces
                las manos con respeto y gratitud.)

MARTA.   Aún es temprano para nuestra dicha.
                Recuerda que no debes conocerme.
                Piensa que fue tan sólo un bello sueño
                nuestro encuentro. Mas ya no necesitas
                la voz del yelmo. Con el sueño basta.

                (Le quita la bacía con suavidad.)

                Dámelo ahora y seguiré cumpliendo
                mis humildes deberes.

                (Se encamina al lateral derecho.)

ELOY.   ¡Marta, Marta!
MARTA.   *(Se vuelve.)*
                Ten confianza. Pronto nuestra música
                inundará de paz tu bello mundo.

                (Sale. ELOY da unos pasos, mirándola ale-
                jarse, y luego vuelve a sentarse donde lo sor-
                prendieron los VISITANTES. A poco, cierra los
                ojos y reclina la frente sobre las manos. La
                bombilla roja del escotillón se enciende lenta-
                mente; las ondas cromáticas del fondo se apa-
                ciguan, reducen y desaparecen. La música es-
                talla en nuevos tiroteos y explosiones lejanas.
                ELOY se sobresalta y levanta su rostro. Re-

cuerda y, de pronto, se toca la cabeza, cercio-
rándose de que la bacía ha desaparecido. Una
sonrisa feliz le ilumina sus rasgos. Con infi-
nita devoción, mira hacia el sitio por donde
MARTA *salió poco antes. Se levanta y, apoyado*
en la barandilla, sigue mirando hacia el late-
ral. Una voz le llama desde el fondo de la sala.
La música cambia su tema.)

ISMAEL.   ¡Eloy!

*(*ELOY *se incorpora y se vuelve, intrigado.)*

¡Eloy!

*(*ELOY *da, muy emocionado, unos pasos hacia*
el proscenio.)

¡Eloy!...

ELOY.   ¿Habéis vuelto, hermanos míos?

(Por el pasillo central avanza un hombre ha-
cia el proscenio. Tan flaco y alto como ELOY,
cubre su descarnada anatomía con un raído
abrigo. Apenas se le ve la cara bajo el viejo
sombrero y la bufanda que la tapan; unas ga-
fas de ancha montura y gruesos cristales ca-
balgan sobre su nariz. A la mitad del pasillo,
se detiene.)

¿No sois vosotros? ¿Quién llama?

(El hombre continúa su camino, mirando a
todos lados con recelo. Cerca del proscenio,
vuelve a detenerse.)

ISMAEL.   Confío en que me recuerdes.
ELOY.   ¡Ismael!

ISMAEL.   Quisiera hablarte.

(Sube por una de las escalerillas.)

ELOY.   ¡Qué alegría me da verte!

(Se abrazan.)

                ¡Viejo amigo!
ISMAEL.   No hables alto.
                Importa que no nos oigan.

(Señala a la sala por donde vino.)

                ¿Es la sala del teatro?

(Señala al fondo.)

                La recordaba ahí enfrente.
ELOY.   Esta es la sala más vieja,
                convertida en dependencias.
                No temas, no hay nadie en ella.
                Sólo invisibles fantasmas
                o invisibles visitantes.
                ¿Son ellos quienes te mandan?
                Lo esperaba y lo mereces.
ISMAEL.   No comprendo de quién hablas.
ELOY.   Ismael, no disimules.
                También a mí me han hablado.
                Pero tú eres más dichoso,
                porque habrás visto la noche
                constelada de platillos...

(ISMAEL lo mira y se sienta, desolado, en una silla. ELOY va a su lado.)

                ¿Qué te ocurre?
ISMAEL   Pobre amigo.
                Todavía crees en ellos.

                    Ya me hablabas de marcianos
                    cuando soñábamos juntos
                    hace años... Tú querías
                    cantar. Yo quise escribir.
                    La juventud se ha pasado
                    y sólo somos dos parias:
                    un infeliz partiquino
                    y un hombre del sindicato.
                    Despierta, Eloy. No hay platillos
                    ni marcianos en la noche.
                    Hay disparos en las calles
                    y patrullas implacables.
ELOY.   ¡Te digo que los he visto!
ISMAEL.   Escucha, Eloy. Me persiguen,
                    mas he logrado burlarlos.
                    Si pudieras esconderme
                    por unos días...
ELOY.   ¿Qué has hecho?
ISMAEL.   Todo el cinturón fabril
                    de la ciudad está en huelga
                    y soy uno de los jefes.
ELOY.   La huelga no es un delito.
ISMAEL.   *(Con ironía.)*
                    Nuestro liberal gobierno
                    reconoce ese derecho.
                    Pero si una noche ordena
                    que se baje a los refugios
                    todo es fácil.
ELOY.   ¿Qué es lo fácil?
ISMAEL.   Quemar el Palacio Viejo
                    sin testigos en las calles,
                    acusar al sindicato
                    y atraparnos sin esfuerzo.
ELOY.   ¿Eso han hecho?
ISMAEL.   Si me prenden
                    me condenarán a muerte.
ELOY.   Yo te esconderé, no temas.
                    Habrás de esperar muy poco.

Cuando luzca el nuevo día
cesará toda injusticia.

ISMAEL. Yo no debo aprovecharme
de tus hermosas quimeras.
Si decides esconderme
debes saber que hay peligro.

ELOY. He hablado a los visitantes.
Mas aunque ellos no vinieran
también te protegería.
Si alguien padece injusticia
deber nuestro es ayudarlo.

ISMAEL. No siempre.

ELOY.   ¿Cómo, no siempre?
Tú has entregado tu vida
a los que sufren y esperan.
Por eso te admiro y quiero.
Si de organizar la huelga
a un inocente acusasen
por no poder encontrarte,
yo sé que te entregarías.

ISMAEL. No siempre.

ELOY.   ¿Cómo, no siempre?

ISMAEL. Va a suceder lo que dices
y yo no he de presentarme.

ELOY. ¿Dejarías que pagase
un inocente por ti?

ISMAEL. ¡Hay millones de inocentes
y me debo a todos ellos!

ELOY. ¡Y también a cada uno!

ISMAEL. Sólo cuando sea más útil
que yo mismo.

ELOY.   ¿Cómo sabes
que no lo será mañana?
¿Que no lo es ya?

ISMAEL.   Si no tiene
mi responsabilidad,
no es más útil.

ELOY.   ¿Y le dejas
                    ser torturado en tu nombre?

                    (Una pausa.)

                    ¿Ejecutado en tu nombre?

                    (Una pausa.)

ISMAEL.   También.
ELOY.   ¡Has titubeado!
ISMAEL.   Eloy, la acción es impura.
                    La injusticia es necesaria
                    para alcanzar la justicia.
                    Serás sólo un soñador
                    si el escrúpulo no ahogas
                    y a actuar no te decides.
ELOY.   Actuar es esconderte
                    y no necesito ahogar
                    escrúpulos para hacerlo.
IMAEL   Al esconderme, tú amparas
                    también todo cuanto hago.
ELOY   Yo no amparo tus errores
                    sino tus perplejidades.
                    Protejo al hombre que duda
                    y no cree en lo que ha dicho.
ISMAEL.   Tampoco crees lo que dices.
                    La verdad, entre tú y yo
                    se debate desgarrada.
                    Me guardaré de entregarme
                    aunque sufra mi conciencia.
ELOY.   Mi conciencia es la que ordena
                    que te esconda y te proteja.
ISMAEL.   *(Irritado.)*
                    ¡No sabes qué es tu conciencia!
                    Faro la crees, y es sólo
                    una suma de prejuicios.
ELOY.   *(Irritado.)*
                    Y tú, ¿sabes qué es la tuya?

¿A qué hablas de ella, si es sólo
una suma de prejuicios?

(Pausa.)

ISMAEL.   Está bien. No discutamos.
ELOY.   ¿Me estás dando la razón
como a un loco?
ISMAEL.   Nada de eso.
ELOY.   *(Lo levanta.)*
Ven conmigo al camerino.
Allí estarás cuanto quieras
mientras ellos se presentan.
ISMAEL.   ¿Quiénes?
ELOY.   *(Mientras van hacia el camerino.)*
          ¡Nuestros visitantes!

(Abre la puerta y enciende la luz de su camerino.)

ISMAEL.   ¡Cuántos libros!
ELOY.   Hablan de ellos.
ISMAEL.   Les echaré una ojeada.
ELOY.   Yo te buscaré comida.
Descansa.
ISMAEL.   ¡Sé muy discreto!

(Suenan las seis en la torre lejana.)

ELOY.   Ya está pasando la noche...
Todo llegará, Ismael.
Una gran música siento
que me lo canta al oído.

(ISMAEL lo mira, perplejo. Entran los dos en el camerino, cuya puerta se cierra. Una pausa. Vistiendo un elegante batín, pero conservando en el cuello su condecoración, entra RODOLFO por la izquierda seguido de APOLINAR, quien

sigue enfundado en su sotana. RODOLFO *se acerca al camerino de* ELOY *y escucha;* APOLINAR *se detiene en el centro del escenario.)*

APOLINAR.   Después del gran festín que hemos gozado
                 me haría feliz el pecho hospitalario
                 de alguna linda chica.

RODOLFO.   Tiempo tienes.

(Se reúne con él.)

                 La noche es larga. Vamos a gastarle
                 al idiota de Eloy un buen bromazo.
APOLINAR.   Yo prefiero la carne...
RODOLFO.   Yo la broma.
APOLINAR.   ¿Qué broma?
RODOLFO.   Pensaremos. ¿No has oído
                 al tonto de Simón sus necedades?
APOLINAR.   Sandeces que le inspira el aguardiente.
                 Ha dicho que en el yelmo de Mambrino
                 se escucha un pianillo celestial.
RODOLFO.   Es Eloy quien le dicta esas simplezas,
                 no el aguardiente. Quizá el yelmo sirva...
APOLINAR.   Marta lo habrá llevado al vestuario.
RODOLFO.   Hay que buscar a Marta y convencerla
                 de que nos dé la llave.
APOLINAR.   Yo la carne
                 prefiero...
RODOLFO.   Yo la broma. Busca a Marta.
APOLINAR.   Veré si está en los fosos, que es su sitio.

(Desciende por el escotillón. Mirando al camerino de ELOY, *canta* RODOLFO, *en sigilosas melodías, su rencor.)*

RODOLFO.   Bien podrás darme las gracias,
                 insolente botarate.
                 Hoy sólo llorarás burlas;
                 quizá mañana te aplaste.

Yo te enseñaré a vivir
si morir no quieres de hambre.
Y he de escuchar de tus labios
que soy el mejor cantante.
Envidioso, resentido,
mamarracho, miserable.

(Las explosiones de la «pedagogía» parecen responderle y él se sobresalta al pronto; luego las desdeña con un benévolo ademán, tras el que se recuesta en la barandilla. MARTA *entra por la derecha del fondo y, al verle, baja la cabeza para pasar ante él en dirección al escotillón.* RODOLFO *se incorpora sonriente y, al pasar ella, le propina un azote en el trasero.* MARTA *da un respingo y se detiene en el acto, ruborizada.)*

No me respetes tanto, palomita.
Podrías sonreírme y saludarme.

(Se acerca, pegajoso.)

¿O te has quedado muda?

MARTA.   Por favor...

(Y se encamina al escotillón.)

RODOLFO.   *(Le toma una mano y la detiene.)*
             ¿Nadie te habló de lo bonita que eres?
MARTA.   Por favor...
RODOLFO.   No me burlo, picaruela.
             Esta noche podría ser muy bella
             para nosotros dos, si tú quisieras.

(La atrae hacia la izquierda. Ella se resiste.)

MARTA.   Por favor...
RODOLFO.   Déjame ser tu Rodolfo.

(Por el camerino de SIMÓN.*)*

Ahora no hay nadie en ese camerino
y nadie lo sabrá. Dulce secreto
entre nosotros dos. ¿No lo esperabas?
¿No te atrevías a soñar conmigo?
¡Rodolfo Kozas es halcón amante
que desciende hasta ti!

MARTA.   ¡Por favor...
APOLINAR.   *(Que subía del foso, los mira.)*
                                                         ¡Carne!
RODOLFO.   Si aprendieras a no ser importuno...
APOLINAR.   *(Sube.)*
                   En balde te buscaba yo, pequeña.
RODOLFO.   Si quisieras marcharte a los infiernos...
APOLINAR.   *(Señala al foso.)*
                   Ya los he visitado. Muchas gracias.

(Se acerca.)

                   ¿Le ha pedido la llave a la chiquita?
RODOLFO.   ¿La llave?
APOLINAR.   ¡Qué malísima memoria!

(A MARTA.*)*

Tenemos que buscarle al señor Palma
ciertos objetos en el vestuario.
Conque venga la llave.
RODOLFO.   Nada temas.
                   Yo salgo responsable.
APOLINAR.   Ya lo oyes.

(Tiende la mano.)

Te la devolveremos sin tardanza.

*(*MARTA *titubea, pero saca la llave de su bolsillo.* APOLINAR *se la arrebata.)*

RODOLFO.   Gracias. Puedes bajar de nuevo al foso.
APOLINAR.   No es necesario que nos acompañes.

(MARTA se encamina al escotillón, no muy convencida. Al pasar junto a APOLINAR, le da éste un cariñoso azote en el trasero.)

MARTA.   ¡Por favor!
APOLINAR.   Por favor, déjanos solos.

(MARTA empieza a bajar y se vuelve con una muda súplica en los ojos.)

RODOLFO.   Te buscaré más tarde, linda niña.

(Le envía un beso. MARTA desaparece.)

APOLINAR.   Precisamente linda...
RODOLFO.   Pues no es fea.
APOLINAR.   ¡Es usted Juan Tenorio redivivo!
RODOLFO.   *(Suspira.)*
               La carne es bella...
APOLINAR.   También lo es la broma.
RODOLFO.   ¡Amigo Apolinar, viva la broma!

(Le indica la derecha. Caminan los dos hacia allá con cautelosos pasos, y la música se vuelve repentinamente ligera y juguetona. VICKY aparece por la izquierda y los mira a hurtadillas. Viste un jersey muy ceñido y un corto pantalón blanco que deja ver sus deliciosas piernas.)

VICKY.   ¡Qué larga es la noche!
               ¿Quién me distraerá?

(RODOLFO y APOLINAR se detienen, electrizados por el tono de la voz.)

RODOLFO.   ¡La carne!
APOLINAR.   ¡La carne!
LOS DOS.   ¡Qué hermosa que está!

(Se acercan a ella. VICKY *sonríe y avanza, fingiendo no verlos.)*

VICKY.   ¡Qué noche tan larga!
                ¡Cuánta soledad!
RODOLFO.   *(A* APOLINAR.*)*
                Vete al vestuario
                y espérame allá.
APOLINAR.   Vaya usted, Rodolfo.
                Yo tengo que hablar
                con Vicky un momento...
RODOLFO.   Ella quiere hablar
                conmigo. Está claro.
APOLINAR.   Muy claro no está.
RODOLFO.   *(Se acerca a* VICKY.*)*
                Vicky encantadora...
APOLINAR.   *(Se acerca a* VICKY.*)*
                Muchacha sin par...
LOS DOS.   ¡Qué larga es la noche!
                ¡Cuánta soledad!
VICKY.   Muy acompañada
                me voy a encontrar...
APOLINAR.   No tengas cuidado.
                Rodolfo se va.
RODOLFO.   *(La atrae hacia sí.)*
                No penes, hermosa.
                Se va Apolinar.
APOLINAR.   Dilo tú, tesoro.
                Di tú quién se irá.

*(*TERESINA *apareció por la izquierda y mira, despechada, a* RODOLFO. *Viste ahora pantalones de fantasía y una blusa rutilante.)*

TERESINA.   ¡También yo pregunto
quién se marchará!

(Contrariada, VICKY *echa a correr, cruza a su
lado y sale por la izquierda.)*

APOLINAR.   Lo siento, Rodolfo.
Yo me voy detrás.

*(*RODOLFO *suspira, resignado.* TERESINA *avanza, fijos en él los ojos.* APOLINAR *da un rodeo
hasta ponerse a espaldas de los dos y desde allí
los bendice irónicamente.)*

Creced, hijos míos,
sin multiplicaros.

*(Se va por la izquierda. En el telón del fondo se
proyecta una vieja y suntuosa decoración pa-
latina abundante en columnas y escalinatas,
pintada al estilo de las óperas del siglo XIX. La
música se vuelve tonal y romántica.)*

TERESINA.   ¡Ingrato, me has partido el corazón!
RODOLFO.   ¡Mi dueña, sufres una confusión!
TERESINA.   ¡Déjame sola con mi gran dolor!
RODOLFO.   ¡No dudes nunca de mi ardiente amor!
TERESINA.   Tu amor es inconstante y embustero.
¡Sólo un juguete he sido para ti!
RODOLFO.   Te juro, amor, que sólo a ti te quiero
y que sin ti preferiría morir.
TERESINA.   ¡Por piedad, no más torpes juramentos!
¡Da descanso a este pecho que besaste,
con el áspid terrible de un puñal!
RODOLFO.   ¡Amada niña de mis pensamientos!
¡Con tus duras palabras tatuaste
del dolor en mi pecho la señal!

TERESINA.   ¡Ciega quisiera estar! ¡Vivir no ansío!
RODOLFO.   ¡Yo no te he traicionado, cielo mío!
                 ¡Por el Dios que nos oye te lo juro!
TERESINA.   *(Arrobada.)*
                 ¡Miente, miénteme así, pues lo prefiero!
RODOLFO.   *(Se acerca.)*
                 ¡Mi corazón es tuyo por entero!
                 ¡Devóralo como a un panal maduro!

                 *(Explosiones. La música se interrumpe al
                 tiempo. La expresión de ambos cambia: se
                 torna reflexiva, desencantada. Se miran perple-
                 jos, extraños. Pero la música tonal se reanuda
                 y sus caras vuelven a sonreír.)*

                 Perdona a este contrito pecador
                 sus veleidades y su ligereza.
                 Pero no desconfíes de su amor.

                 (La abraza.)

                 ¿Me perdonas?
TERESINA.   ¡Rodolfo!

                 (Le acaricia, apasionada, la condecoración.)

RODOLFO.   ¡Teresina!

                 (Se encaminan hacia el camerino de SIMÓN.
                 Mimosa, ella no suelta la cruz.)

LOS DOS.   La noche nos reserva su dulzor.
                 He (has) de libar tus (mis) labios de princesa
                 y comulgar tu (mi) cuerpo con fervor.

                 (Tenía ya RODOLFO *la mano en el pestillo du-
                 rante las últimas notas. La música tonal se ex-
                 tingue y el fastuoso salón pintado de la vieja*

ópera se borra lentamente. La puerta del camerino se abre de pronto, RODOLFO *se tambalea por el impulso y aparece* PEDRO, *algo turbado, terminando de abrocharse.* VICKY *casi lo empuja para salir del camerino, y emite tras él un musical gritito cuando ve a la otra pareja.)*

PEDRO.	Estábamos aquí curioseando las fotos que Simón tiene clavadas.
RODOLFO.	Lo mismo, casualmente, le propuse yo a Teresina...
PEDRO.	Claro.
MICKY	Claro.
TERESINA.	Claro.

(Sonrisas.)

MICKY	Es tan larga la noche...
PEDRO.	Ya nos vamos.
TERESINA.	No. Nos vamos nosotros.
RODOLFO.	Sí. Nosotros.
MICKY	No. Nosotros.
RODOLFO.	Nosotros.
PEDRO.	No. Nosotros.

(Explosiones. Sonrisitas en los cuatro.)

LOS CUATRO.	¡Es la pedagogía!
MICKY	¡Claro!
TERESINA.	¡Claro!

(Se oyen risas y el barullo de gente que se acerca. Vienen diciendo lo mismo.)

VOCES MASCULINAS.	¡Es la pedagogía!
SIMÓN (VOZ DE).	¡No, señores!

VOCES
FEMENINAS.   ¡Es la pedagogía!
SIMÓN (VOZ DE).   ¡No, señoras!

(Las dos parejas atienden. El ELECTRICISTA
*entra el primero con cara de enfado, aparta
una silla de la derecha y, meneando la indig-
nada cabeza, se sienta de cara al proscenio y
cerca del escotillón.)*

RODOLFO.   *(Se le acerca.)*
                 ¿Le sucede a usted algo, electricista?
ELECTRICISTA.   ¡Sucede que Simón está borracho
                 y que no me divierten estas bromas!

VOCES
MASCULINAS.   ¡Paso al gobernador de los alcoholes!
VOCES
FEMENINAS.   ¡Paso a las más enormes tragaderas!

*(Rodeado por toda la Compañía, que se puso
vestidos ligeros y cómodos para la velada, entra* SIMÓN *a hombros. De beodo que está, ni
ve. Botella en una mano; plato de sabrosas go-
llerías en la otra.* PEDRO *se apresura a apagar
la luz del camerino de* SIMÓN *y a cerrar su
puerta. Explosiones.)*

TODOS.   ¡Es la pedagogía!
SIMÓN.   ¡No, señores!
                 ¡Son mis buenos amigos los marcianos!
                 Ellos me nombrarán burgomaestre
                 de esta ciudad, y mandaré en vosotros.
RODOLFO.   ¿Quién te metió ese infundio en la cabeza?
SIMÓN.   Se me ha ocurrido a mí, que soy muy listo,
                 porque sé que el que a buen árbol se arrima...

*(*ELOY *salió de su camerino, cuya puerta ha
cerrado. Recostado contra el muro y cruzado
de brazos, escucha a todos con frialdad.)*

RODOLFO.	*(Que advierte su presencia, a* SIMÓN.*)*
	¡Pobre infeliz, tu árbol está seco!
SIMÓN.	Lo regaré con vino generoso.
MUCHOS.	¡A beber! ¡A beber!
SIMÓN.	Bajadme a tierra.

(Lo sientan en los escalones.)

RODOLFO.	*(A su lado.)*
	Regüelde y sáciese, burgomaestre.
SIMÓN.	*(Mientras come.)*
	¡Guarde silencio!
RODOLFO.	¿No nos da su venia?
SIMÓN.	Inútil que lo pida, señor mío.
	A usted yo no le nombro concejal.
HOMBRES.	¡Qué ingratitud!
MUJERES.	¡Qué pena!
TODOS.	¡Qué tristeza!
MICKY.	¡Todos le suplicamos sus favores!
TERESINA.	¡Beba un poquito más, burgomaestre!
SIMÓN.	Una excelente idea. Ya se sabe:
	Donde no hay vino, corazón mohíno.

(Se dispone a beber.)

EFRÉN, SALUSTIO, ARÍSTIDES.	*(Susurran.)*
	¡Es la cuarta botella!
«DUQUESA», BÁRBARA, 1.ª MOZA DEL PARTIDO.	*(Susurran.)*
	¡Qué garganta!
VICKY.	*(A la que* APOLINAR *importuna en vano desde que entraron.)*
	Si en amor es igual, hay que pensarlo.

(ELOY *se acerca entre tanto a* SIMÓN. *Con duros ojos, le arrebata el plato y le quita la botella de los labios.* SIMÓN *no sabe lo que le pasa.*)

SIMÓN.   ¿Por qué?
RODOLFO.   ¿Por qué? También yo lo pregunto.
ELOY.   Porque puede morir de beber tanto,
                mientras vosotros lo tomáis a risa.

(*Regresa a su camerino y entra, cerrando.*)

RODOLFO.   ¡Aguafiestas!...
SIMÓN.   (*Se mira las manos vacías.*)
                          Han sido los marcianos.
APOLINAR.   Ellos no pueden ser, burgomaestre.
                Están en un planeta muy distante.
SIMÓN.   Cállate, cura. Tú no sabes nada.

(*Risas.* ELOY *sale de su camerino, echa la llave, se la guarda y vuelve a recostarse contra el muro. Explosiones.*)

                ¿No los oís?
TODOS.   ¡Es la pedagogía!
SIMÓN.   Si nos autorizaran a asomarnos
                veríamos platillos y platillos
                semejantes al yelmo de Mambrino.
ELOY.   Calla, Simón.

(*Todos lo miran.*)

RODOLFO.   ¿Qué imbécil te lo ha dicho?

(*Lo empuja levemente, con desdén.*)

SIMÓN.   Estos soplillos míos, que escucharon
                tocar a la Sinfónica de Marte.

RODOLFO.   ¿Cómo?
SIMÓN.   Nos han mandado un pianillo...
ELOY.   ¡Calla, Simón!
ELECTRICISTA.   Inútil. Ya lo dijo.
ELOY.   ¿Cuándo?
ELECTRICISTA.   Nos lo explicó mientras cenaba.

(SIMÓN recomienda silencio con un dedo en los labios.)

SIMÓN.   ¡A nadie se lo digan! ¡Es secreto!
ELOY.   ¡Es la verdad!
RODOLFO.   *(Riendo y sin mirarlo.)*
                     ¡Seguro! ¿Quién lo duda?
ELECTRICISTA.   *(Por ELOY.)*
                ¿Por qué se burlan de este pobre iluso?
                Lo que usted dice, Eloy, es imposible.
                Complejos y potentes receptores
                harían falta para captar músicas
                marcianas, si es que hay músicas marcianas;
                no una simple bacía de barbero.
ELOY.   Electricista, vuelva a su cabina.
                No pontifique usted de lo que ignora.
                Los libros que le inspiran, titubean;
                no los recite igual que un papagayo.
ELECTRICISTA.   ¿Papagayo?
ELOY.   Mejor dijera acólito
                que lanza excomuniones a beatas.
                El que ignora que ignora no es un sabio:
                no es más que un sacristán del magnetismo.

(Risas disimuladas.)

ELECTRICISTA.   *(Se encoge de hombros.)*
                Me olvidaré de sus impertinencias.
RODOLFO.   *(Con desprecio, sin mirar a ELOY.)*
                Quizá Eloy piense que las musiquillas

	que él cree escuchar, son las que le convierten en un hombre tan puro y tan sincero.

ELOY.   No llego a tanto aunque ellos me lo ordenan.
RODOLFO.   A muchos pobres diablos torturaron
                 exquisitas personas con el alma
                 colmada de la música más bella.
ELOY.   Eran otras personas. Y otra música.
ELECTRICISTA.   *(A RODOLFO.)*
                 Inútil que le hable. De remate.
ELOY.   ¡Apercibíos todos! Han llegado
                 y saben lo que encierran nuestras mentes.
SIMÓN.   *(Borracho perdido.)*
                 Ellos lo saben todo en su grandeza.
                 Son como dioses. Cantan cuando hablan.

                 (Risas.)

RODOLFO.   *(Lo empuja, conteniendo mal su excitación.)*
                 ¿De veras? ¿Qué chiflado te lo ha dicho?
ELOY.   ¡Reíd, reíd! ¡También lo hacéis cantando!
VARIOS.   ¿Cómo? ¿Qué dice? ¿Que al reír cantamos?
ELOY.   *(Se incorpora y avanza unos pasos.)*
                 Nos están invadiendo los efluvios
                 de nuestros sigilosos visitantes
                 y al hablar entonamos raros cantos.
                 Quieren salvar a todos con su música
                 y somos ya organillos que ellos pulsan.
                 Pero no lo advertís.

                 (Todos se miran, sorprendidos.)

TERESINA.   ¡Si no cantamos!
ELOY.   *(A todos.)*
                 ¿Lo ha dicho o no cantando?
TERESINA.   ¡No con música!
ELOY.   Con otra sutil música que ignoras.

                 (Vuelven a mirarse todos con una punta de inquietud.)

MICKY.   *(Dudosa.)*
                ¿Cantamos?
VICKY.   Sí parece...
ELECTRICISTA.   ¡No enloquezcan!
                Es la deformación profesional;
                las voces engoladas de la ópera.
ELOY.   Pero usted no es cantante y también canta.
ELECTRICISTA.   Igual que los demás, engolo un tanto
                por llevar muchos años entre ustedes.
ELOY.   ¡Abandonaos a la extraña música
                que pugna por nacer de vuestras bocas!
                Nos han mandado a quienes nos vigilan
                y viven confundidos con nosotros.
                Ignoráis que nos hablan cada día
                bajo las más humildes apariencias.
                La portera, el obrero, la maestra
                de vuestros hijos, pueden ser marcianos.
                ¡Y en el mismo teatro puede haberlos!

                *(*MARTA *asoma por el escotillón durante las
                palabras anteriores.* ELOY *no la ve, pero intuye
                su presencia y se turba.)*

                Mas de esto no he de hablar
«DUQUESA».   ¿En el teatro?
MICKY.   *(Con nerviosa risa.)*
                ¡Jesús, qué horror!
BÁRBARA.   ¡Nos va a poner nerviosos!

                (Pausa.)

2.ª MOZA DEL
PARTIDO.   ¡No nos diga que están entre nosotros!

                (Pausa.)

SIMÓN.   Pues los hay. Yo vi uno.
ELOY.   ¡Ten la lengua!

SIMÓN.   *(Risueño.)*
                No se puede creer, pero es muy cierto.
                Si supieran quién es...
ELOY.   *(Fuerte.)*
                                        ¡Guarda silencio!

                (Se miran los dos. SIMÓN baja los ojos. Un silencio.)

ELECTRICISTA.   *(A MARTA.)*
                Y tú, ¿qué haces aquí? Nadie te llama.
MARTA.   *(En un susurro.)*
                Por favor...
RODOLFO.   *(A SIMÓN.)*
                                Borrachón, suelta el secreto.
                Revélanos quién es el visitante.

                (MARTA y ELOY miran fijamente a SIMÓN, que los mira y calla. RODOLFO se enardece.)

                ¡Dínoslo, damajuana! ¡Dilo, asno!

                (SIMÓN lo mira, amedrentado, pero no responde. RODOLFO lo empuja con fuerza.)

                ¡Rebuzna entre tus dientes amarillos!

                (Le da un puntapié. El terror desorbita los ojos de SIMÓN.)

                ¡Dilo!

                (Puntapié más fuerte.)

                                ¡Suéltalo ya!

                (Puntapié brutal.)

                                        ¡Confiesa, bestia!

(Simón llora en silencio. Rodolfo lo derriba de un feroz puntapié.)

¡Confiesa que un jumento te ha embaucado!

(El Electricista no disimula su disgusto. Los demás se miran, incómodos. Eloy se acerca a Rodolfo, que está rojo de excitación, y repite con duros ojos cierta estrofa no ha mucho oída en los labios del «divo».)

ELOY.   A muchos pobres diablos torturaron
             exquisitas personas, con el alma
             colmada de la música más bella.

(Y, sin pausa alguna, eleva su larga zanca y arrea a Rodolfo tan descomunal puntapié en el vientre, que lo derriba. El Electricista se levanta.)

MUCHOS.   ¡No es posible!
TERESINA.   ¡Rodolfo!
ELECTRICISTA.   ¡Calma, calma!

(Apolinar y Pedro levantan a Rodolfo. Teresina lo abraza. Todos lo rodean, solícitos. Eloy se inclina e incorpora a Simón.)

ELOY.   Vete a dormir, Simón.

(Simón deniega.)

TERESINA.   *(A Eloy.)*
                         ¡Bruto! ¡Pedante!
APOLINAR.   *(A Rodolfo.)*
             ¿Se encuentra bien?
BÁRBARA.   ¿No se hizo ningún daño?

TERESINA.   *(Mientras acaricia a* RODOLFO.*)*
                 ¡Mañana exigiremos que lo echen!

                 *(*RODOLFO *se desprende.* ELOY *se incorpora y
                 lo mira con frialdad.* APOLINAR *y* PEDRO *suje-
                 tan a* RODOLFO.*)*

RODOLFO.   *(Se los sacude.)*
                 ¡Soltadme! Yo no voy a rebajarme
                 a estas brutalidades de taberna.
ELOY.   *(Irónico.)*
                 Los puntapiés, Simón, los has soñado.
RODOLFO.   Nada me hieren torpes ironías.
                 Has cometido un acto subversivo
                 contra este pecho que han condecorado
                 y pagarás por ello.
ELOY.   Se equivoca
                 de región anatómica. Fue el vientre.
RODOLFO.   ¡Ya te arrepentirás!

                 (Inicia la marcha, muy digno, hacia la derecha.)

APOLINAR
y PEDRO.   Le acompañamos.
RODOLFO.   Sólo vosotros dos.
TERESINA.   ¡Quiero ir contigo!
RODOLFO.   *(Deniega.)*
                 Divertios sin mí, fieles amigos.
                 Disfrutad de la noche todavía.
BÁRBARA.   ¡Qué inmenso corazón!
MUCHOS.   ¡Es admirable!

                 (Al pasar RODOLFO *y sus acompañantes ante*
                 MARTA, *termina ésta de subir del escotillón y
                 los interpela a media voz.)*

MARTA.   ¡Por favor!...

                 (Ellos se detienen y la miran, sorprendidos.)

APOLINAR.   *(A media voz.)*
                            Por favor, no más favores.

(Salen los tres por la derecha. Una pausa. El
ELECTRICISTA *torna a sentarse.* MARTA *inclina*
la cabeza y desciende lentamente al foso.
VICKY *se sienta; otros la imitan.)*

VICKY.   Y ahora, ¿qué hacemos?

*(*ELOY, *que miraba descender a* MARTA, *se*
vuelve.)

ELOY.   Disponer el ánimo
                   para el Juicio Final.
BÁRBARA.   ¡Cállese, hombre!

(Se sienta.)

ELOY.   Ya no puedo callar. Me han ordenado
                   que anuncie su llegada. Temblad todos.
                   Ningún daño reservan a los cuerpos
                   mas sí el espejo de una gran vergüenza.
                   Hemos creado un mundo agusanado
                   y en su bondad, acceden a heredarlo
                   para salvarnos de la helada selva
                   donde nos debatimos como sierpes.
                   Más no todos podrán contar con ellos...
                   ¡Veo! ¡Veo, ay dolor! Lívidos cuerpos
                   se balancean, cuelgan de las ramas
                   en nudos que ellos mismos habrán hecho
                   después que los enfrenten al espejo
                   donde verán la imagen que ocultaban.
                   Preparaos, amigos. Aún es tiempo.
                   Muy breves son las horas que nos restan
                   para poner en los marchitos rostros
                   la claridad de una sonrisa nueva.

ELECTRICISTA.   Sus palabras son bellas, pero falsas.
Nadie nos mira, nadie nos vigila
y nunca hubo marcianos; sólo el campo
de la electricidad inagotable
que formó estrellas y hombres. Electrones.
Y nuestra mente, eléctrica asimismo,
conociendo mejor a cada hora
la energía que mueve al universo.
No hay misterios, Eloy, y está usted solo.
Acompañado de alucinaciones
como buen solitario, pero solo.

ELOY.   ¿Solo? ¡Yo no estoy solo, electricista!
Millones de presencias siderales
alimentan mi afán. ¡Yo soy legión!
¡Advierta cómo cantan por mi boca!
Humildemente pertenezco al coro
unánime que ha de cantar mañana
y que ya canta ahora: ¡Soy legión!

(Su voz, multiplicada crecientemente, parece
cada vez más la de un coro innumerable de
gargantas idénticas a la de ELOY.*)*

¡Legión! ¡Yo soy legión! ¡Yo soy legión!

(Todos se rebullen, inquietos, bajo la enorme
voz múltiple.)

ELECTRICISTA.   *(Turbado por la inquietud general, pero sin*
rendirse.)
¡Señores, no se asusten! Canta fuerte

(Sus manos accionan.)

y la excelente acústica del sitio
le refuerza la voz...

ELOY.   *(Su voz multiplicada.)*
                                    ¡Es la voz de ellos!

VICKY.	*(A* MICKY.*)* Fuerte también gritó el electricista y no sonó lo mismo...
ELOY.	*(Su voz multiplicada hasta volverse casi intolerable.)* ¡Soy legión!

(Tras la resonancia, silencio absoluto.)

BÁRBARA.	No me encuentro muy bien. Adiós, señores.

(Nadie responde. Ella inicia la marcha, pero se detiene ante la repentina zarabanda de las luces. La bombilla roja del escotillón parpadea; los varales y focos se encienden y apagan, pero la claridad es cada vez más intensa. BÁRBARA *se santigua.)*

TERESINA.	¿Qué es esto?
BÁRBARA.	¡Dios del cielo!
«DUQUESA».	¿Nos quemamos?

(El ELECTRICISTA *se levanta y mira hacia la invisible y alta cabina de mandos que se supone a la derecha.)*

ELECTRICISTA.	¿Quién está en la cabina?
ELOY.	*(Su voz multiplicada.)* ¡Nadie humano!
ELECTRICISTA.	*(Se refriega los ojos.)* ¡Esto no puede ser!
ELOY.	*(Su voz multiplicada.)* ¡Pero es un hecho, aunque tu pobre ciencia no lo entiende!

(Gran explosión en la calle, a la que siguen vivísimas oscilaciones luminosas en el escenario, que terminan en una deslumbradora ilu-

minación general. Las mujeres gritan. SIMÓN
se levantó también, bruscamente sereno. El
ELECTRICISTA *no sabe qué hacer. La orquesta*
calla de repente. Se oyen cantos tras el telón
del fondo, emitidos por dos voces de raro tim-
bre metálico.)

LAS DOS VOCES. Es verdad. Hemos llegado.
                La ciudad nos pertenece.
MUCHOS.   ¡No! ¡No! ¡Piedad! ¡No es posible!

(Súbito pánico acomete a todos mientras pro-
fieren estos gritos; algunos bajan por las esca-
lerillas frontales y se detienen, empavorecidos;
otros se atropellan para bajar al foso; otros
buscan los más alejados rincones. La espan-
tada es general. Incluso el ELECTRICISTA *echó*
a correr y se para, horrorizado, a la mitad de
la escalerilla derecha.)

LAS DOS VOCES. ¡Levantad ese telón
                y que no se escape nadie!
ELOY.   *(Con su voz natural, a* SALUSTIO.)
                Obedécelos, Salustio.
                Y vosotros, acercaos.
                ¡Recibamos con modestia
                a tan altos visitantes!

(Los fugitivos vuelven, de mala gana, al esce-
nario. SALUSTIO *sale por la derecha, temblo-*
roso. La música lanza sobrecogedorres acor-
des. El telón empieza a levantarse. En el
oscuro patio de butacas del fondo destacan, a
la luz del escenario, dos extrañas figuras. Tra-
jes que recuerdan vagamente a los de los as-
tronautas; altas escafandras opacas, con fina
ranura a la altura de los ojos y curiosa bocina
más abajo. Los gritos de la Compañía estallan

sobre la música. Las dos figuras avanzan y empiezan a subir por dos invisibles escalerillas simétricas de las que hay delante. ELOY se arrodilla, conmovido. SIMÓN titubea, se acerca y se arrodilla detrás de él. El telón del fondo está alzándose todavía cuando se corren, delante, las

CORTINAS

PARTE SEGUNDA

(Música. Gritos de espanto, antes de que se descorran las cortinas, que culminan en un estridente acorde coral. Las cortinas se descorren. El telón del fondo está terminando de alzarse. Arrodillados, ELOY y SIMÓN aguardan la llegada de los dos nuevos visitantes. Las dos FIGURAS terminan de subir al escenario, empuñando desconocidas armas de mano. Una leve vacilación se desliza en sus metálicas voces al articular las palabras.)

FIGURA 1.ª   ¡Volved a bajar la tela!

                 (A ELOY.)

                 Levántate, animal flaco.
FIGURA 2.ª   *(A SIMÓN.)*
                 Levántate, animal gordo.

                 (ELOY y SIMÓN se levantan, atónitos. El telón del fondo vuelve a bajar.)

FIGURA 1.ª   *(A ELOY.)*
                 A los que marcianos llamas
                 ya no debes esperarlos.
                 Barridos son de este suelo.

FIGURA 2.ª   De otro planeta venimos
                  al que Júpiter llamáis
                  y no tendremos clemencia.
ELOY.   ¡No es posible.
FIGURA 1.ª   Sí es posible.
                  Sal a la calle y verás
                  a tus amigos marcianos
                  colgados como racimos
                  en los tilos del paseo.
ELOY.   ¿Por qué?
FIGURA 1.ª   Porque somos fuertes,
                  y queremos su planeta.
                  Nuestras escuadras volantes
                  lo atacan también ahora.
                  Dominaremos en Marte
                  como en la Tierra.
ELOY.   ¡Mentira!
FIGURA 2.ª   ¿Mentira? ¿Qué imaginabas?
                  ¿Todo el cosmos entregado
                  a tus blandos sentimientos?
                  No es así nuestro universo.
                  Entre sí luchan los mundos
                  igual que los electrones
                  y no hay futuro en el tiempo
                  para alimañas tan flojas
                  como tú.
ELOY.   ¿Floja alimaña?
FIGURA 1.ª   Lo sois todos los humanos.
                  Destruiros no es preciso
                  pues vuestra técnica es pobre.
                  Seréis animales nuestros
                  y tendréis vuestro pesebre.
ELOY.   ¡No haréis eso con los hombres!
FIGURA 2.ª   ¿Por qué no?
FIGURA 1.ª   Sí que lo haremos.
ELOY.   ¡Os vencerán los marcianos!
FIGURA 1.ª   Los de Marte son tan flojos
                  como tú. Muy mal pelean.

ELOY.   ¡Otra fuerza nos posee!
                    ¡Somos legión!

                    (Mira al vacío, esperando una resonancia que
                    ahora no se suscita.)

                    ¡Legión somos!

                    (MARTA reaparece en el escotillón y se lleva
                    las manos a la boca, asustada. Una profunda
                    mirada se cruza entre ella y ELOY. A poco,
                    ella se sienta en los peldaños y sigue, con los
                    ojos espantados, las incidencias de la escena.)

FIGURA 1.ª   Legión sois, pero de enfermos.
                    Advierte cómo las otras
                    alimañas se disponen
                    a humillarse ante nosotros.
MUJERES.   ¡No lo duden! ¡Sí, sí! ¡Cierto!
ELOY.   Yo no.
FIGURA 2.ª   Porque tú estás loco.
HOMBRES.   ¡Está loco! ¡De remate!
FIGURA 1.ª   Probarás tu valentía
                    viniéndote con nosotros.
ELOY.   ¿Adónde?
FIGURA 1.ª   Ya lo sabrás.
ELOY.   Pues vamos.
FIGURA 2.ª   *(A SIMÓN.)*
                                  También tú vienes.
SIMÓN.   ¡Yo, de ninguna manera!

                    (Escapa, pero sus mismos compañeros lo su-
                    jetan hasta que la FIGURA 2.ª lo aferra.)

FIGURA 2.ª   ¿Abandonas a este otro?
SIMÓN.   En nada puedo ayudarle
                    y me encuentro muy cansado.

FIGURA 1.ª   ¿No eres su amigo?
SIMÓN.   No mucho.
FIGURA 1.ª   Mientes. Nosotros sabemos.
                 Prepárate a acompañarnos.
                 A los dos os vendaremos
                 los ojos, para que el susto
                 de lo que pudierais ver
                 no os destruya.

(Las dos FIGURAS *sacan dos anchas vendas
negras y se disponen a vendarlos.)*

SIMÓN.   ¡Madre mía!
                 ¡Cómo en un fusilamiento!
ELOY.   Yo nada temo.
FIGURA 1.ª   No importa.
                 Escucharás solamente.

(Los vendan. SIMÓN *cae de rodillas.)*

SIMÓN.   ¡Piedad!
FIGURA 2.ª   Palabra cobarde
                 que detestamos. ¡Levanta!

*(*SIMÓN *lo hace en el acto.)*

FIGURA 1.ª   *(A* ELOY.*)*
                 Y tú, que ignoras el miedo,
                 dame tu mano y camina.

*(*ELOY *extiende su mano y la* FIGURA 1.ª *se la
toma. La* FIGURA 2.ª *toma a* SIMÓN.*)*

FIGURA 2.ª   ¡Seguidnos sin resistencia!

*(Los llevan a una de las escalerillas frontales,
por la que empiezan a bajar.)*

SIMÓN.　　　　Por su mal naciéronle alas
　　　　　　　a la hormiga.
FIGURA 2.ª　　　　　　　　¡No murmures!

(Pausa. Ya en el patio de butacas, las dos FI-
GURAS los conducen dando vueltas y revueltas
por los pasillos.)

SIMÓN.　　　　¿Puedo saber... dónde vamos?
FIGURA 1.ª　　　Al espacio, en nuestra nave.
SIMÓN.　　　　*(Lo piensa.)*
　　　　　　　¡Hará frío!
FIGURA 1.ª　　　　　　　Sólo un poco.

(Entre tanto, algo curioso sucede en la escena.
Atemorizados, todos vieron partir a las dos
parejas; ahora la luz del escenario baja de
pronto y lo deja en misteriosa penumbra. To-
dos gritan; algunos se dan de nuevo a la fuga.
Las parejas se detienen en el patio de butacas
y la FIGURA 1.ª *se vuelve.)*

　　　　　　　¡Nadie escape!
SIMÓN.　　　　　　　　　¡No escapamos!
FIGURA 2.ª　　　No es a ti, sino a las otras
　　　　　　　alimañas a quien hablo.

(Todos están paralizados por el miedo en el
escenario. Las dos parejas prosiguen su mar-
cha. Corriendo y lleno de maliciosas sonrisas
entra entonces por la derecha del fondo APO-
LINAR. *Bajo el brazo trae algunas linternas*
eléctricas; con el dedo en los labios reco-
mienda sigilo. Todos lo miran, sorprendidos
por su regocijo. En el centro de la escena, pide
él a todos que se aproximen. SALUSTIO *reapa-*
rece por la derecha y se acerca también, intri-
grado.)

SIMÓN.   ¿Viaje largo?
FIGURA 1.ª   No preguntes.

(Menos MARTA, *se apiñan todos en escena alrededor de* APOLINAR *y, sobre los murmullos
de la música, bisbisea él sus murmullos. Señalando a las parejas, formula divertidas negati-
vas e inaudibles comentarios, que provocan
un suspirado «¡Ah!» general en el que se di-
suelve el miedo y por el que todos muestran su
decepcionada comprensión de lo que sucede.)*

SIMÓN.   ¿Qué ruido es ese?
FIGURA 2.ª   Silbidos
de nuestro campo magnético.

(Señalando a la invisible cabina de luces, el
ELECTRICISTA *pregunta algo con muy mala
cara a* APOLINAR, *quien asiente sonriendo y
suplica perdón con ademán contrito. Colérico, el* ELECTRICISTA *levanta el puño, pero lo
sujetan, mientras suena el suspiro de un «¡No!»
general.* SIMÓN *se detiene. Indignado, el* ELEC-
TRICISTA *va a hablar. Pero todos, con el dedo
en los labios, sisean y le ruegan silencio con
mudos gestos, indicando a los vendados.)*

SIMÓN.   ¿Otra vez el magnetismo?
FIGURA 2.ª   La nave se halla muy cerca.

(El ELECTRICISTA *se aparta con un mal gesto y
se sienta en su silla.* APOLINAR *instruye en voz
baja a los demás y reparte las linternas. Se levanta el susurro de una general carcajada
contenida.)*

SIMÓN.   ¡Qué magnetismo más raro!
Parecen voces humanas.

FIGURA 2.ª — Es nuestra radio, que capta
los mensajes de los mundos.

(APOLINAR corre a un lado, toma dos sillas y las sitúa, algo separadas, en el centro de la escena. Luego designa a EFRÉN, a ARÍSTIDES, a SALUSTIO y al MOZUELO, y les explica algo.)

SIMÓN. — ¿Volveremos?
FIGURA 2.ª — Los insectos
como tú nada merecen.

(Los cuatro designados ensayan levantando las sillas y bajándolas suavemente. APOLINAR lo aprueba y apremia a los demás, que se sientan en las otras sillas, en los escalones o sobre el suelo, conteniendo la risa. Tras diversas evoluciones, las parejas de la sala se encuentran ahora junto a la otra escalerilla que conduce al escenario. La FIGURA 2.ª empieza a subirla, tirando de SIMÓN.)

SIMÓN. — ¿Estamos en el platillo?
FIGURA 2.ª — Así lo llamáis vosotros.
SIMÓN. — ¡Madre mía!
FIGURA 2.ª — *(Tira de él brutalmente.)*
¡No te pares!
FIGURA 1.ª — *(A ELOY, subiendo tras los otros.)*
¿Tú no tiemblas?
ELOY. — Yo no tiemblo.
La indignación me lo impide.
FIGURA 1.ª — Ya temblarás, alimaña.

(Los cuatro se encuentran de nuevo en el escenario. Nuevo tema musical.)

LAS DOS
FIGURAS. — Debéis sentaros para el largo viaje.

Figura 1.ª   *(A* Eloy.*)*
               Tú, aquí.
Figura 2.ª   *(A* Simón.*)*
                              Tú, aquí.
Las dos
figuras.   ¡Permaneced muy quietos!

               (Los sientan en las dos sillas del centro.)

Figura 1.ª   Cerrad las escotillas.
Figura 2.ª   *(Se inventa un lenguaje.)*
                              ¡Houra Hauga!

               *(*Apolinar, *el* «Duque», *el* «Mozo de mulas»,
               *se introducen un dedo en la boca e imitan el
               estampido de un taponazo.)*

Figura 1.ª   ¡Mier kirir hull gaufin'dm blén'dem blén'de!

               *(*Apolinar *inicia un rítmico siseo y lo marca
               con ademanes de director de orquesta. Casi
               todos lo secundan.)*

Simón.   ¿Qué ruido es ese?
Las dos
figuras.   Son nuestras turbinas.
               Pronto despegaremos de la Tierra.

               *(La Compañía sigue siseando bajo la imagi-
               naria batuta de* Apolinar, *quien da con su iz-
               quierda, de pronto, la «entrada» a los cuatro
               designados. Éstos, que aferraban las sillas por
               los bordes del asiento, las levantan en vilo.)*

Simón.   ¡Ay!...
Eloy.   Simón, no te asustes. Despegamos.

               *(El siseo general continúa, un tanto descom-
               puesto por varias carcajadas contenidas.)*

SIMÓN.   Parece que se ríen...
FIGURA 1.ª   Las turbinas
               cambian los polos de su magnetismo.
SIMÓN.   ¡No me gusta el reír de las turbinas!

(APOLINAR *indica que los bajen y los deposi-*
ten lentamente en el suelo, alejándose luego.
APOLINAR *recomienda la amortiguación del*
silbido, que cesa poco a poco.)

LAS DOS
FIGURAS.   Ya estamos en el fondo de la noche.
               Ya vuestra tierra es sólo una bolita.
SIMÓN.   ¿Tan de prisa subimos?
LAS DOS
FIGURAS.   Casi tanto
               como un rayo de luz.
SIMÓN.   ¡Qué mal me encuentro!
ELOY.   ¿Qué pretendéis mostrarnos en el cielo?
FIGURA 1.ª   Que haríais mejor llamándole un infierno.
               ¿Todavía no tiemblas?
ELOY.   Yo no tiemblo.
SIMÓN.   Tampoco yo. Pero, ¡qué mal me encuentro!
               Este aire, ¿no es tenue y caluroso?
FIGURA 2.ª   Igual al vuestro lo hemos producido
               para que respiréis cómodamente.
SIMÓN.   Pues yo... me ahogo...
FIGURA 2.ª   Porque tienes miedo.

(APOLINAR *hace una seña. Los que elevaron*
las sillas encienden las linternas y las pasan,
con creciente ritmo, cerca de las cabezas ven-
dadas.)

SIMÓN.   ¡Un resplandor!
ELOY.   También yo lo he notado.
SIMÓN.   ¡Otro más! ¡Y otro más! ¿Serán estrellas?
ELOY.   No puede ser. Acaso meteoritos.

FIGURA 1.ª   Tampoco meteoritos. Proyectiles.
SIMÓN.   *(Muerto de miedo.)*
                    ¿Proyectiles?
FIGURA 1.ª   Estamos arrasando
                    las últimas ciudades que resisten.
SIMÓN.   ¿En nuestra Tierra?
FIGURA 1.ª   No, infeliz. En Marte.
                    Nos encontramos cerca del planeta
                    y no hemos de dejar marciano vivo.
ELOY.   ¿Os atacaron ellos?
FIGURA 1.ª   Nunca.
FIGURA 2.ª   Nunca.
LAS DOS
FIGURAS.   Por eso es preferible adelantarse.
ELOY.   Asesinos.
FIGURA 1.ª   Tal vez. Pero vosotros
                    lo erais también en vuestra dulce Tierra.

                    (Explosiones muy fuertes en el exterior. Ta-
                    pándose la boca, los cantantes ríen en silen-
                    cio.)

SIMÓN.   ¿No es la pedagogía?
FIGURA 2.ª   ¿De qué hablas?
                    Nuestros resonadores electrónicos
                    recogen los sonidos del espacio.
FIGURA 1.ª   Ese fragor es el del bombardeo
                    de uno de los satélites de Marte
                    que acaba de estallar desintegrado.
FIGURA 2.ª   Ampliaremos los resonadores
                    y escucharéis a los supervivientes
                    sus deliciosas voces de agonía.

                    (Los portadores de linternas las chocan entre
                    sí para fingir mecánicos ruidos. A lo largo de
                    la escena siguiente los alteran con ráfagas de
                    luz sobre las cabezas vendadas y sobre sus
                    compañeros. APOLINAR *lanza un asombroso*

relincho y anima a los demás para que le imiten. La Compañía se dispone a completar la burla con enorme regocijo. Unos cuantos imitan el relincho de APOLINAR; *otros añaden inmediatamente nuevos sones: ronquidos, estertores, prolongados ladridos que recuerdan al de la hiena... La improvisación les tienta; cada cual procura enriquecer el engaño y una curiosa excitación se enseñorea de todos. Tan sólo el* ELECTRICISTA *permanece frío y reprobatorio, mientras* MARTA *se horroriza y sufre.* APOLINAR *lanza desgarradas imprecaciones en un idioma inexistente.* VICKY *lo secunda, mientras los demás instrumentan el acompañamiento de alaridos animales.)*

APOLINAR.   ¡Han rielen prodest br ren'dm hu hul'laa!...
VICKY.   ¡Han rielen! ¡Hul'la, hul'la!...
APOLINAR.   ¡Gon dr zran dr!

*(*MICKY *se levanta y le espeta a* ELOY, *muy cerca, sus alaridos.)*

MICKY.   ¡Hul'la, hul'la! ¡Gr, gr! ¡Hu hu hu hul'la!...

*(Con inarticulados bramidos, el «*DUQUE*» y* EFRÉN *zapatean en torno a los dos vendados. Orgiásticas danzas se van configurando. Con horrible risa de fiera,* TERESINA *empieza a girar, paseando las lúbricas manos sobre su cuerpo.)*

FIGURA 1.ª   ¿Todavía no temes?
ELOY.   ¡Nada temo!

*(*MICKY, VICKY, *la «*DUQUESA*», las «*MOZAS DEL PARTIDO*», se unen a* TERESINA *y danzan, provocativas, gorjeando cálidamente. Los*

*hombres braman, relinchan y ululan más
fuerte, cercándolas.* MARTA *se acurruca unos
peldaños más abajo para evitar que la divisen.
Los hombres sujetan a las mujeres, que gritan;
las acarician y besan con ardor. Los portadores de linternas las tiran al suelo y se suman a
la orgía. Van apagándose los gritos, que se
truecan en jadeos. Pura y conmovida, la voz
de* ELOY *se eleva para cantar lo que más
abajo se transcribe. Poco antes, débiles puntos
empezaron a brillar en el telón de fondo, y
ahora el ambiente entero del escenario es una
inmensa noche estrellada, bajo cuya alta
calma se afantasman ruidos y movimientos.
Lo humano de algunas exclamaciones, ciertas
nerviosas carcajadas mal reprimidas, desper-
taron sospechas en* SIMÓN. *Tantea su silla y
advierte lo familiar de sus formas. Entonces,
con mucho cuidado, levanta un poco su
venda para atisbar. Súbitamente se la arranca,
la tira, se levanta y mira a todos con rencor.
En el delirio general, casi nadie lo nota; tan
sólo* APOLINAR *y las dos* FIGURAS. *La* FIGU-
RA 2.ª *intenta retenerlo, pero él se desprende y
avanza, sombrío, para sentarse a la izquierda
de los escalones.* MARTA *lo mira, atribulada.
Algunos se detienen y lo miran asimismo;
pero, al cerciorarse de que calla, se encogen
de hombros y vuelven a su diversión.* APOLI-
NAR *y las* FIGURAS *lo miran de reojo, suspica-
ces. Furtivamente,* SALUSTIO *acosa y soba al*
MOZUELO. *De repente,* BÁRBARA —*a quien,
por vieja, nadie acosaba*— *lanza un estridente
alarido, eleva los brazos y se arroja sobre* TE-
RESINA *con ánimo de besarla. Entregada a su
propio rapto,* TERESINA *lo admite. Caen al
suelo, abrazadas, y se revuelcan entre las bes-
tiales sonrisas de todos.* SIMÓN *se vuelve y*

mira a ELOY *de soslayo con defraudados ojos.*
ELOY *sigue impertérrito su canto.)*

La dignidad de Marte se ha extinguido
bajo la quemazón de la vesania.
Mas sólo es una chispa su tragedia
en la incendiada majestad nocturna.
En vano desde naves iracundas
extenderéis la muerte sobre un campo
de años y años de luz. Muchos más siglos
de rauda luz os cercan, se os escapan,
burlando vuestro afán enloquecido.
¡Yo canto a una galaxia muy lejana
llena de paz, honor e inteligencia!
Ella os vigila con sus claros ojos
y aguarda piadosa vuestra muerte
para sembrar de gracia el universo.
Desde el fondo del tiempo nos acecha
sin impaciencias, porque el tiempo es suyo.
Temblad ante su luz inalcanzable
porque ella vencerá, oh vencedores.
Podéis matarme, tristes carniceros.
¡Yo canto a una galaxia muy lejana!

*(*MARTA, *que sí lo escuchaba, fue levantán-*
dose poco a poco y ha subido al escenario. Su
voz suplica de pronto tan estremecedora-
mente, que el jadeante pandemónium se de-
tiene.)

MARTA.   ¡¡Por favor!!...

(Las mujeres se desprenden de los hombres;
TERESINA *y* BÁRBARA *se levantan, rojas.)*

ELECTRICISTA.   ¿Por qué gritas de ese modo?

(Una pausa. ELOY *se quita la venda y mira a*
todos con atroz desconcierto. Se levanta; to-

dos evitan su mirada. Las dos FIGURAS *se han*
quedado inmóviles como estatuas. El cielo es-
trellado va desapareciendo mientras vuelve la
luz normal.)

ELOY.   Conque estoy nuevamente en el teatro...
                         Pero yo salí de él en una nave...
                         ¡Ya lo comprendo! ¡Fue el poder marciano
                         quien por extraña física me trajo!
                         ¡Júpiter nada puede! ¡Vence Marte!
                         ¡Alegría, alegría, compañeros!
                         ¡Nunca relataré el horrendo viaje!
                         ¡La pesadilla atroz ha terminado!

                         (A MARTA.*)*

                         Gracias te doy, mujer incomparable.
                         La más feliz certeza me devuelves
                         con tu estelar presencia y con el grito
                         que al siniestro poder ha fulminado.

                         *(*MARTA *rehúye su mirada. Los demás lo es-*
                         cuchan y se miran, estupefactos. El ELECTRI-
                         CISTA *se toca la cabeza con un dedo y suspira.*
                         APOLINAR *se vuelve hacia el proscenio con*
                         gesto de cómico asombro. SIMÓN *gruñe, pró-*
                         ximo a estallar.)

SIMÓN.   ¡Siga discurseando, señor mío!
ELOY.   ¿Qué dices, insensato?
SIMÓN.   ¡Que prosiga,
                         soltando paparruchas y sandeces,
                         y que los marcianitos se lo paguen!
ELOY.   ¿Te has vuelto loco?
SIMÓN.   ¡Y aún el hideperra
                         sigue mezclando berzas con capachos!
ELOY.   ¿Qué farfullas?

SIMÓN.	¡Que somos dos payasos!

¡Que nunca hubo marcianos! ¡Que este tipo
de la escafandra no es lo que aparenta,
sino la puta es que me ha parido!
¡Y que cargue con todos Satanás!

(Se abalanzó a la FIGURA 1.ª *y, mientras termina de decirlo, le desenrosca la escafandra rápidamente y se la quita, descubriendo la aviesa sonrisa de* RODOLFO KOZAS. *La* FIGURA 2.ª *se descubre con sus propias manos y resulta ser* PEDRO. *Colérico y amargo,* ELOY *los mira.* SIMÓN *torna a sentarse en los escalones y agacha la cabeza. Algunas ahogadas risitas se clavan como alfileres en los oídos de* ELOY. *Música muy leve y prosaica, casi inexistente.)*

RODOLFO.	Sólo una broma inocente
	para que Eloy reflexione.
	Le perdono sus insultos
	y sus golpes, pues me basta
	que reconozca la filfa
	de sus historias marcianas.
«DUQUESA».	¿De dónde son esos trajes?
PEDRO.	Pertenecen al engendro
	que la Escuela del teatro
	ensaya desde hace días.
	Mito se llama la obra
	y experimental la creen
	los pedantes jovenzuelos
	que la llevan entre manos.
APOLINAR.	Rodolfo Kozas sabía
	que en el vestuario estaban
	los disfraces espaciales.
	¡Pero el juego de las luces
	fue modesta idea mía!

(Risas que arrecian cuando el ELECTRICISTA
comenta, muy quemado.)

ELECTRICISTA.   No tiene ninguna gracia.

(Una pausa.)

ELOY.   *(A* RODOLFO.*)*
                 Así que usted me ha engañado.
RODOLFO.   Una lección bondadosa
                 que debes agradecerme.

*(Le vuelve la espalda y, dándose tono, se
sienta en una de las sillas. Los demás se sientan también en sillas, escalones y suelo, o se
recuestan en la barantilla del escotillón.* ELOY
mira fijamente a MARTA, *sin saber qué pensar
de ella.* MARTA *aparta sus ojos y va a sentarse
a la derecha de los escalones.* ELOY *comienza
su imprecación. Una imprecación nada enfá-
tica, de tono sencillo y triste, hijo de su duro
desengaño. Sorda y funeral, la música evita
asimismo el énfasis y, en su monótona simpli-
cidad, resulta aún más sobrecogedora. Una
absoluta negrura se extiende en el telón del
fondo; poco después, rápidas imágenes de
platillos entran, enormes, en el campo visual y
se alejan aceleradamente hasta convertirse en
puntitos luminosos que se extinguen. Otros y
otros platillos aparecen, los siguen, se alejan,
se convierten en puntos y desaparecen, hasta
que la negrura absoluta vuelve a reinar.)*

ELOY.   Sé bien que no hay bondad en lo que ha hecho.
                 A hacerme pasar hambre, ha preferido
                 matar mi alma. Darme la evidencia
                 de que soy un imbécil y un iluso.
                 Pues bien, alégrese. Lo ha conseguido.

Tal vez mi flaco juicio no distingue
lo real de lo soñado. Quizá nunca
descendieron platillos a la Tierra.
Acaso nos desprecien y permitan
nuestra extinción en el apocalipsis
que estamos entre todos acercando.
Pero tal vez jamás hubo marcianos
y entonces soy un viejo trastornado.
Deliro frente a un mundo que delira
mientras ríe y se aturde sin saberlo.
¡Buena imagen del mundo fue su broma!
Esa espantosa guerra planetaria
en el cielo no está, sino en la Tierra.

RODOLFO.   No tanto, amigo mío. No exageres.
No va tan mal el mundo y nuestro tiempo
mejor es que otros tiempos de la historia.

(Durante las siguientes palabras de ELOY,
VICKY *y* MICKY *se conciertan con una mirada y
desfilan de puntillas, desapareciendo por la izquierda.* APOLINAR *las ve partir, lo piensa y,
con un ademán de respulsa al pesado sermón
de* ELOY, *sale tras ellas alzándose la sotana.
Sobre la negrura del fondo estallan ahora las
imágenes de hongos y hongos atómicos, a las
que sustituyen poco a poco numerosas visio-
nes de exterminio: montones de cadáveres en
campos de concentración, montañas de gafas,
de brochas de afeitar, de zapatos; reses muertas, pájaros muertos, insectos muertos, somera
cirugía de la guerra en caras cosidas donde
faltan ojos, narices, orejas; gentes vendadas de
arriba abajo...)*

ELOY.   ¡Nuestro tiempo! Sin duda es dulce y bello.
Se podía elegir no ser soldado
en otros siglos. Hoy ya no nos dejan.
Muy natural, pues que las viejas armas

avanzaron también dichosamente
para volverse termonucleares.
Pero no hay que temer que se detengan
estos bellos avances de la ciencia.
Con muy pocas monedas, cualquier pillo
fabricará de aquí a muy pocos años
atómicas pistolas diminutas,
lindas y esbeltas como transistores.
Los gobiernos prudentes no lo ignoran
y avanzarán no menos felizmente.
Sus leyes prohibirán el ejercicio
de toda libertad, que es peligrosa.

RODOLFO.   No seas pesimista, ni el futuro
que desconoces augurar pretendas.

ELOY.   Tienes razón. No hablemos del futuro.
Quizá las bombas Hache estallen antes
y ya no haya futuro. Del presente
me limitaré a hablar. Pronto se explica.
En él los hombres a entender empiezan
que no tienen más dios que el hombre mismo.
Tanto se ufanan de sus bellos cuerpos
que es casi más humano el jorobado...

(Repentino contraste musical.)

BÁRBARA.   *(Da una cabezada.)*
¡Creo que me estoy durmiendo!

(Se levanta y se dirige a TERESINA.*)*

¿Te vienes al camerino?
Tengo exquisitos bombones...

TERESINA.   *(Tras una mirada a* RODOLFO, *que la observa.)*
Más tarde...

BÁRBARA.   *(Contrariada.)*
                       Como tú quieras.

*(Sale por la izquierda. Poco después, algunos
otros deciden marcharse, aburridos. Los de-*

más bostezan cada vez más enérgicamente.
Sobre la negrura del fondo se muestran a
poco libros ardiendo, caras risueñas o gesticu-
lantes, fusilamientos, ahorcaduras, garrote,
guillotina, silla eléctrica en acción...)

ELOY.   ¡Curioso animal-dios, listo y seguro!
          Prepara guerra y cree que tendrá paz.
          A la mentira llama cortesía.
          Besuquea, fornica y cree que ama.
          Si está aterrado, bebe y se divierte.
          Procrea sin freno por matar su angustia
          y aumenta así la angustia de la Tierra.
          Quema o prohíbe libros, y supone
          que a la verdad y al bien está sirviendo.
          Y para suprimir al disidente
          lo llama previamente can rabioso.

          (El MOZUELO *se retira con un gesto de incom-*
          prensión. Silbando levemente y con aire inge-
          nuo, SALUSTIO *desfila tras él. Bostezos genera-*
          les, bastante ruidosos; en el fondo, visiones de
          hambrientos.)

          Los cultivos mejoran cada día
          y hay cien mil muertos cada día de hambre.
          De sus avances puede envanecerse:
          todas las explosiones de una guerra
          durante cuatro años arrasados
          guarda hoy cómodamente en su bodega
          un solo submarino nuclear.

          (Repentino contraste musical.)

«DUQUESA».   ¡Jesús, si ya son las nueve!
«DUQUE».   ¿Las nueve de la mañana?
             Pues no perdamos más tiempo.

(La toma de una mano y se la lleva. En el fondo reina otra vez absoluta negrura; de pronto, una estrellita resplandece en su centro y crece con rapidez. Pronto se advierte que es la imagen de un niñito que sonríe. La imagen se agiganta y, poco después, sus ojos risueños e inmensos ocupan todo el campo visual. Así permanecen, inmóviles.)

ELOY.   ¡Curioso animal-dios, listo y seguro!
             Adora ciegamente a sus hijitos
             y desde pequeñines les concede
             la instrucción militar, los uniformes
             y las brillantes armas de juguete.
             Con la televisión de cada día
             les enseña lo nobles y agradables
             que los espías son, cuando asesinan.
             También aprende el niño en la pantalla
             que sus papás saben matar mil niños
             o achicharrarlos vivos lentamente,
             y que es muy natural que así suceda,
             y que también ellos lo harán, si crecen.
             Para crecer, que ensanchen sus pulmones
             puesto que sobra aire envenenado.
             Sus papás son tan listos como el listo
             que se ha orinado en un tonel de vino
             mientras cierra los ojos, porque piensa
             que nadie notará la picardía.
             Sus papás sin cesar estallan bombas
             que orinan en el aire radiaciones,
             pero nadie las ve, nadie las nota.
             Quizá mi niño aspire todavía
             casi-vino en lugar de casi-orines.
             O mi mujer, que va a parir mañana
             un lindo nene sin deformidades.
             Los deformes a causa del uranio
             siempre serán los hijos de otros padres...

(Repentino contraste musical.)

ARÍSTIDES.   Yo voy a comer un poco.
EFRÉN.   ¡Y yo a dormir siete horas!

(Salen ambos.)

ELOY.   Así es el hombre y este paraíso.
             Que nadie se exceptúe. Yo tampoco.
             Sé que también a mí me han poseído
             el rencor y la envidia.

(Se arrodilla.)

                              ¡Que no valgo
             más que vosotros, y he de confesarlo!

(Con benévolo ademán de triunfo por las palabras que acaba de oír, RODOLFO *se levanta y se dispone a irse.* TERESINA, *que lo espiaba, lo retiene tímidamente. Repentino contraste musical.)*

TERESINA.   ¿Te espero en tu camerino?

*(*RODOLFO *la mira duramente, y asiente. Luego sale por la derecha, seguido de* PEDRO. TERESINA *sale corriendo por la izquierda.)*

ELOY.   Podéis reíros de este pobre iluso
             que todavía busca una esperanza.
             Incapaces de afecto y de cordura,
             de encadenar la muerte desatada,
             de volver en vergel la oscura charca
             donde se pudre nuestra verde Tierra,
             burlaos de un cantante necio y viejo
             que gime bajo llagas incurables,
             si sueña en otros cielos y otros astros
             la humanidad que aquí hemos violado.

(Humilla la cabeza. Explosiones. Los grandes ojos infantiles del fondo se alejan rápidos. La figura entera del niño se achica hasta volverse un punto de luz que brilla un momento en la negrura y se extingue. Otras explosiones lejanas. El ELECTRICISTA *se levanta, consultando su reloj. Repentino contraste musical.)*

ELECTRICISTA.   El supuesto continúa
                   y está el teatro vendido.

(Se encoge de hombros, mientras recoge las linternas abandonadas.)

Lo terminarán a tiempo
de la función de esta tarde.

(Mira a ELOY, *menea compasivo la cabeza y sale, con los ojos fijos en la cabina invisible.)*

Revisaré la cabina
para quedarme tranquilo.

*(*ELOY *se ha quedado solo con* MARTA *y* SIMÓN. *Una pausa.* ELOY *levanta la cabeza y mira a* MARTA, *que contempla el vacío con ojos absortos.)*

ELOY.   ¡Marta!... ¡Marta!...

*(*MARTA *se estremece, pero no lo mira. Él se levanta y va hacia ella.)*

Dime que aquello fue verdad, no engaño,
y que nos salvarán nuestros hermanos...

(La oprime por los hombros. Ella llora en silencio.)

Yo te amaba... Te amaba. Y ahora callas.
¿Desperté entonces o despierto ahora?

(MARTA se levanta bruscamente y mira con ojos arrasados las manos suplicantes de ELOY, denegando conmovida para correr al fin al escotillón, por el que baja. ELOY la ve descender desde la barandilla y luego se vuelve, lento, hacia SIMÓN.)

¡Simón!... ¡Simón!...

(SIMÓN se estremece, pero no lo mira. ELOY da unos pasos hacia él.)

Nos mandan padecer escarnio y burlas,
mas no debemos flaquear. ¡Hermano!
¡Dime que fue verdad! ¡Que lo recuerdas!
¡Tú escuchaste las notas siderales!

SIMÓN.   Quizá es que me zumbaban los oídos.
ELOY.   ¡Volverás a escucharlas, te lo juro!
                ¡El yelmo es el auténtico testigo!

(Corre a la derecha del fondo y desaparece.)

SIMÓN.   Los sesos tiene hechos agua
                y yo soy un pobre asno.
                Ni seré burgomaestre
                ni chambelán de platillos.
                Seguiré soltando gallos,
                cobrando mi escaso sueldo,
                y renegando y bufando.
                Esta es la vida, Simplicio.
                A tus hijos nunca digas
                cuando te pidan zapatos
                que tendrán botitas de oro
                por marcianos regaladas.

*(ELOY volvió, con la bacía en las manos y los
ojos brillantes. Se acerca de puntillas y percute
algunas veces sobre el metal, que suena a latón. SIMÓN se vuelve.)*

ELOY.   Para que nunca dudes, y comprendas
el inmenso favor que has recibido,
permitiré que cubras tu cabeza
con este yelmo, cuando en él suscite
la voz dorada del planeta hermano.

*(Percute varias veces. Percute una y otra vez,
sorprendido... Percute sonriente, esperanzado.
Percute, receloso... Percute y percute y percute, atribulado... La bacía suena a latón.)*

SIMÓN.   *(Se levanta.)*
¡Sí que es dorada voz! ¡De latón puro!
ELOY.   ¡Antes sonaba!
SIMÓN.   ¡Nunca habrá sonado!
¡A usted y a mí nos faltan los tornillos
de la sesera y escuchamos música
lo mismo que viajamos en platillos!
ELOY.   ¡Cállate!
SIMÓN.   ¡Bien callado que me quedo!
¡Y usted con su platillo... de barbero!

(Va hacia su camerino.)

ELOY.   No te vayas, Simón.

*(SIMÓN entra en su camerino y cierra con un
portazo.)*

                       No me abandones.

*(ELOY percute un poco más, en vano, sobre la
bacía. Se la pone en la cabeza, se esfuerza en*

escuchar. Deniega, sombrío, y se sienta en los escalones junto a la barandilla del escotillón.)

Un loco. No soy más que un pobre loco.

(Permanece inmóvil, con los ojos cerrados. El ELECTRICISTA *reaparece por la derecha del fondo y se le acerca, sonriendo paternalmente. Ya a su lado, da en la bacía un papirotazo.* ELOY *se yergue, con la fugaz ilusión de que el yelmo revive.)*

ELECTRICISTA. *(Con afecto.)*
¡Don Quijote!...

*(*ELOY *se vuelve y lo ve. Se quita la bacía y la deja junto a la barandilla. Agacha la cabeza.)*

Convénzase, buen hombre.
Nadie vive en los cielos que usted ama.
ELOY. Pues si es así, lloremos.
ELECTRICISTA. ¡O riamos!
El mundo no es tan malo como cree
y nunca hubo catástrofes completas.
Sabremos remontar las venideras
igual que remontamos otras muchas.
¿O no lo piensa así?
ELOY. *(Seco.)*
No es imposible.
Pero mal podrá ser sin agoreros.
Para evitar que lo peor suceda
hay que gritar que puede sucedernos.
Y el infalible modo de que ocurra
es confiar en que se arregle todo.

(El ELECTRICISTA *lo mira fríamente y, sin responder, se aparta y sale por la izquierda. Una pausa.* ELOY *apoya su mano en la bacía, an-*

gustiado. Poco a poco vuelve la cabeza hacia el escotillón.)

¡Subid!... ¡Subid de nuevo, hermanos míos!

(Se levanta y se abalanza a la barandilla para mirar abajo, sollozando.)

¡Devolvedme la música y la vida!

(Nadie sube. Desalentado, se acerca ELOY *a su camerino y escucha. Saca la llave y abre suavemente. El interior está oscuro.* ELOY *contempla al dormido invisible y vuelve a cerrar sin ruido. Vencido, mira a todos lados, como si aún esperase —muy poco ya— alguna presencia extraordinaria. Agotado, vuelve a sentarse junto a la bacía, apoyando brazos y cabeza sobre las rodillas. Larga pausa. En el telón del fondo se proyecta la esfera de un gran reloj con las manecillas en acelerado movimiento. Las diez, las once, las doce... Las agujas siguen marcando la sucesión de las horas vacías. Espaciadas, se oyen las voces de los* VISITANTES, *que despiertan ecos en la gran bóveda del sueño.* ELOY *no despierta, pero se solivianta al percibirla.)*

VOCES DE LOS
VISITANTES.   Eloy... Eloy... Eloy... Eloy... Eloy...
Dirás que al fin hemos aterrizado...
Mas nosotros quizá no aparezcamos...
Tendrás que soportar la amarga prueba...
de las horas vacías de esperanza...
Pero tú no flaquees. No estás solo...
Porque tú eres legión... Legión... Legión...

VOZ DE MARTA.   Eloy... Eloy... Se acerca la gran prueba...
Has de afrontarla cual si nunca hubiera
marcianos. Cual si nunca hubieras sido
legión... Piensa que soy una muchacha

humilde, sin misterio, torpe y boba...
Al soportar la prueba que te aguarda...
sentirás que estás solo... Solo... Solo...

*(El reloj marcó horas silenciosas. Al llegar a
las siete y media, las manecillas se detienen y
se oye una campanada lejana. La imagen de
la esfera se esfuma y el escenario recobra su
trivial iluminación. Óyense timbres diversos.
Magnificada por un altavoz invisible, la voz
de* ARCADIO PALMA *desciende a la escena.)*

VOZ DEL
SR. PALMA.   ¡Atención, atención todo el teatro!
Os habla el director Arcadio Palma.
Comunica el gobierno que el supuesto
terminó ya. Pocos minutos faltan
para empezar nuestra función diaria.
La orquesta está ocupando sus asientos.
Vístanse todos. Pongan decorados.
Gracias por su civismo en estas horas.

*(Se corta la conexión. Rendido por el cansan-
cio,* ELOY *se derrengó hace tiempo sobre la ta-
rima y continúa dormido. Consultando su reloj, el* ELECTRICISTA *entra rápidamente por la
izquierda. Al cruzar se detiene un segundo
para mirar a* ELOY *y menea la cabeza, compasivo. Luego desaparece por la derecha. Poco
después suben del foso* DOS MUJERES *de la limpieza con escobas y cogedores. Una es joven;
la otra, vieja.)*

MUJER JOVEN.   Dése prisa, mujer.
MUJER VIEJA.   Estoy cansada.
MUJER JOVEN.   Pues muy bien que comimos y dormimos.

*(Cruza y empieza a barrer aquí y allá, reco-
giendo montoncitos de colillas y basura.)*

MUJER VIEJA.   *(Empieza a hacer lo mismo.)*
                  Cada vez que hay fingido ataque atómico
                  nos regalan el cuerpo.
MUJER JOVEN.   ¡Que haya muchos!
MUJER VIEJA.   Lo mismo me da a mí. Poco me queda...

(Repara en ELOY.)

                  Pero, mira este pobre...
MUJER JOVEN.   ¡Vaya curda!
                  ¡Déle un buen escobazo, que despierte!
MUJER VIEJA.   No.
MUJER JOVEN.   ¿Por qué no?
MUJER VIEJA.   Porque él no está borracho.
MUJER JOVEN.   ¡A lo mejor, palmó!
MUJER VIEJA.   No lo conoces,
                  pero yo sí, desde hace muchos años.
                  Fue primera figura en esta sala
                  y ahora ya no es nadie. ¡Perro mundo!

(Con un dedo en los labios.)

No alces la voz. Dejemos que descanse.

*(*LA MUJER JOVEN *se encoge de hombros y ba-
rre. Terminan ambas su somero repaso del
suelo y salen por la izquierda, recogiendo por
el camino alguna otra basurilla, al tiempo que
suben por el escotillón los seis* TRAMOYISTAS.
*Por un segundo contemplan al dormido con
silenciosa gravedad; luego se dispersan y reti-
ran las sillas del escenario, volviendo para disponer el escueto decorado: un pozo a la izquierda con una pileta anexa; una portalada
con tejavana, sesgada, a la derecha. Entre
tanto, sube* MARTA *corriendo por el escotillón,
mira a* ELOY *un momento y desaparece por la*

derecha del fondo para volver poco después
con la adarga, la lanza, la espada, las espuelas
y el casco de Don Quijote. El REGIDOR *de es-*
cena entra por la derecha y comprueba todo;
MARTA *coloca sobre la pileta la espada, las es-*
puelas y el casco; la adarga y la lanza las re-
clina contra el pozo. El REGIDOR *la observa y*
rectifica levemente la posición de algunos de
los objetos. Después sale por la izquierda. Van
encendiéndose las luces y focos de escena.
MARTA *se acerca a* ELOY, *divisa la bacía y va*
a tomarla. Pero se detiene, asombrada. Los
TRAMOYISTAS *interrumpen también su trabajo,*
sorprendidos. Una potente voz los ha parali-
zado a todos. Empuñando una pistola, apare-
ció un hombre por el lateral izquierdo, al
tiempo que numerosos POLICÍAS *de paisano*
irrumpen en el patio de butacas. El ritmo mu-
sical se torna rápido, sincopado y nervioso.)

POLICÍA 1.º   ¡Qué nadie se mueva!
POLICÍA 2.º   *(Desde la sala.)*
          ¡Quietos donde están!

(Sube, con seis o siete POLICÍAS *más, al esce-*
nario. Los demás se apostan en el pasillo y en
diversos rincones del patio de butacas. SIMÓN
sale de su camerino vestido de Sancho.)

REGIDOR.   ¿Qué ocurre?
SIMÓN.   ¿Qué pasa?
POLICÍA 1.º   *(Por los* TRAMOYISTAS.)
          A estos, mucho ojo.

(Cuatro POLICÍAS *se acercan a los* TRAMOYIS-
TAS; *los demás que han subido desaparecen*
por los laterales. Los TRAMOYISTAS *se apiñan*

cerrando los puños. Uno de ellos repele con brusquedad a un POLICÍA *que intenta aferrarlo; los otros avanzan hacia los restantes* POLICÍAS. *El* POLICÍA 1.º *los encañona y el* POLICÍA 2.º *saca rápido su pistola.* SIMÓN *cruza para despertar a* ELOY.)

POLICÍA 2.º   ¡Arriba las manos!

(Los TRAMOYISTAS *las levantan de mala gana.* SIMÓN *despierta a* ELOY.)

POLICÍA 1.º   ¡No hagan resistencia!
SIMÓN.   *(Asustado.)*
                     ¡Eloy, visitantes!

(*Se guarece tras él, buscando amparo.*)

POLICÍA 1.º   *(Al otro.)*
                     ¡Cachea sus ropas!

(*El* POLICÍA 2.º *cachea brutalmente a los* TRAMOYISTAS. ELOY *se ha levantado y contempla, atónito, la escena.*)

REGIDOR.   *(Se adelanta.)*
                     ¡Son los tramoyistas!
POLICÍA 1.º   *(Mientras lo aparta sin contemplaciones, al* POLICÍA 2.º)
                     Mira bien sus caras
                     por si es uno de ellos.

(*El* POLICÍA 2.º *enfoca a los* TRAMOYISTAS *con una linterna. A medio vestir, van acudiendo los cantantes.* RODOLFO *viene entre ellos, con las ropas y coraza de Don Quijote.* ELOY *retrocede hacia su camerino, y, sin perder de*

vista a los POLICÍAS, *lo abre, entra y cierra sua-*
vemente.)

POLICÍA 2.º	Ninguno parece.
POLICÍA 1.º	Lo comprobaremos.

(A los TRAMOYISTAS.*)*

¡Atrás! ¡Retrocedan!
POLICÍA 2.º ¡Despejen la escena!

(Los van llevando hacia el escotillón, amena-
zados por las pistolas.)

POLICÍA 1.º	¡Siéntense aquí dentro!
POLICÍA 2.º	¡No bajen las manos!

(Los TRAMOYISTAS *se sientan, de espaldas, en*
los peldaños del escotillón y levantan las ma-
nos. Sus siluetas recuerdan extrañamente a las
de los seis VISITANTES, *que* ELOY *creyó ver,*
cuando le saludaron. El POLICÍA 2.º *se queda*
junto a la barandilla, apuntándolos. MARTA *y*
SIMÓN, *que están cerca, lo miran con los ojos*
medrosos.)

RODOLFO. *(Con su mejor sonrisa.)*
¿Qué ocurre, señores?
POLICÍA 1.º *(Que vuelve al centro.)*
¡No admito preguntas!

(La sonrisa de RODOLFO *se borra en el acto.*
El REGIDOR *fue entre tanto hacia el telón del*
fondo; la voz del POLICÍA 1.º *lo detiene.)*

¡Que nadie se mueva!
REGIDOR. *(Protesta.)*
¡Vamos a empezar!

Policía 1.º	Traiga antes las llaves.
Regidor.	¿Qué llaves?
Policía 1.º	Maestras.
«Duquesa».	*(Aún sin vestir.)*
	Pero ¿qué sucede?
Apolinar.	*(Que sigue con su sotana.)*
	¿Qué ocurre?
Muchos.	¿Qué ocurre?

(Con su condecoración al cuello, en mangas de camisa y con el chaleco del frac desabrochado, irrumpe por la izquierda el Sr. Palma acompañado de un Comisario de Policía. Los Policías se cuadran.)

Sr. Palma.	Calma, mucha calma.
	Cuestión de minutos.
	Estos caballeros
	persiguen a un hombre
	y hemos de ayudarlos.

(El Electricista aparece por la derecha y escucha.)

Salustio.	¿A uno de nosotros?
Comisario.	*(Cortés y sonriente.)*
	Es un incendiario
	y muy peligroso.
	Él y sus compinches
	quemaron anoche
	el Palacio Viejo.
Muchos.	¡Qué horror! ¡Qué salvaje!
Comisario.	Tendrá su castigo.
Micky.	¿Y está en el teatro?
Comisario.	A la madrugada
	se escondió aquí dentro.
	Estamos seguros.

(El Sr. Palma *va entre tanto a mirar por el orificio del telón.)*

Sr. Palma. ¡Atrápenlo pronto
pues hay que empezar!
¡Ya hay gente en butacas!

(Mira, nervioso, su reloj.)

Muchos. ¡Por favor! ¡Aprisa!
Comisario. *(A dos* Policías.*)*
Ustedes, al foso.

(A otros dos.)

Ustedes, registren
en los camerinos.

(Los dos primeros pasan entre los Tramoyistas *y bajan por el escotillón. Los otros dos desaparecen por los laterales. El* Comisario *advierte a la Compañía.)*

Y ustedes, cuidado,
pues es muy probable
que lleve algún arma.

*(Musicales gritos de espanto entre las mujeres.
Alguna intenta huir.)*

Sr. Palma. ¡No salgan de escena!
Podrían toparlo
en algún pasillo...

(Se repiten los gritos musicales.)

Policía 3.º *(Desde la sala.)*
¡Mire, Comisario!

COMISARIO.   ¿Qué?
POLICÍA 3.º   *(Por el público.)*
                        Toda esta gente
                 vino de la calle.
COMISARIO.   *(Al público.)*
                 ¡Salgan de esta sala!
                 ¡Circulen! ¡Despejen!
                 ¡Están estorbando
                 a la Policía!

                 (Nadie se mueve.)

                 ¡Puede haber disparos!
                 ¡Salgan sin tardanza!

                 (Nadie se mueve.)

POLICÍA 3.º   *(Al COMISARIO.)*
                 ¡La sala se llena!
COMISARIO.   *(Se encoge de hombros.)*
                 ¡No tenemos tiempo
                 para discusiones!

                 (Al SR. PALMA.)

                 ¿Qué hay tras esas puertas?
SR. PALMA.   Son dos camerinos.

                 *(El COMISARIO se dirige al de SIMÓN. Los PO-
                 LICÍAS lo siguen. El camerino de ELOY se abre
                 de pronto y el perseguido aparece. El som-
                 brero calado, las gruesas gafas, la bufanda, el
                 abrigo raído, le dan un trágico aire de fanto-
                 che. Antes de que reparen en él corre a la es-
                 calerilla de la derecha y baja al patio de bu-
                 tacas.)*

MUCHOS.   ¡Allá va! ¡Se escapa!

(Los Policías *se vuelven instantáneamente; el que vigilaba a los* Tramoyistas *intenta detener al fugitivo y es rechazado.)*

Comisario. *(Hacia la sala.)*
¡Vosotros, alerta!

(Los Policías *de la sala sacan sus pistolas. Asustada, la Compañía arrecia en sus musicales gritos; casi todos escapan y desaparecen por los laterales. Los* Tramoyistas *bajan las manos y se vuelven para mirar.)*

Sr. Palma. ¡Por favor, no griten!
Policía 1.º ¡Deténgase! ¡Alto!
Policía 2.º ¡Es él! ¡Lo conozco!
Policía 3.º *(En el pasillo de la sala.)*
¡Alto! ¡No se mueva!
Policía 4.º *(En la sala.)*
¡Está acorralado!
Sr. Palma. *(Suplica al* Comisario, *señalando al telón del fondo.)*
¡Por favor, sin ruido!
¡No asusten al público!

(Entre tanto el perseguido ha corrido entre las butacas, procurando escapar del cerco de Policías que se estrecha. A su paso, hay espectadores que lo rehúyen, que se levantan, que lanzan musicales exclamaciones. El perseguido gana el pasillo central y los Policías *de los lados pasan entre butacas para ir allá. Más rápido, los burla él por un pasillo transversal y logra salir por una de las puertas laterales. Los* Policías 3.º *y* 4.º *salen tras él. En el escenario reaparecen los que fueron a registrar y a apostarse.)*

COMISARIO.   *(Severo, a los* POLICÍAS.*)*
                       ¡Tienen que atraparlo!

                       (El perseguido reaparece pronto en un palco,
                       cuyos ocupantes emiten musicales gritos. Los
                       POLICÍAS *de la sala lo encañonan. Él retrocede*
                       rápido y desaparece, para reaparecer en se-
                       guida en otro palco. Los POLICÍAS *3.º y 4.º, que*
                       lo siguieron, aparecen entonces en el palco an-
                       terior y el 3.º dispara. El perseguido sale aprisa
                       del segundo palco. El POLICÍA *3.º se queda en*
                       el primer palco, vigilando hacia arriba; el 4.º
                       desaparece para seguir la persecución.)

LOS
TRAMOYISTAS.   ¡No le disparéis!
                       ¡Es un ser humano!
POLICÍA 3.º   *(En el palco.)*
                       ¡Va armado!
POLICÍA 5.º   *(En la sala.)*
                                      ¡Va armado!
LOS
TRAMOYISTAS.   ¡No es cierto! ¡Mentira!

                       (Risas musicales de los POLICÍAS.*)*

POLICÍA 5.º   *(Riendo, en la sala.)*
                       ¡Va armado!
POLICÍA 3.º   *(Riendo, en el palco.)*
                                      ¡Va armado!
COMISARIO.   ¡No tiren a muerte
                       que tiene que hablar!
POLICÍA 4.º   *(Su voz por los pasillos de fuera.)*
                       ¡Deténgase! ¡Alto!
                       ¡No tiene salida!

                       (Provocando nuevos gritos musicales, el per-
                       seguido reaparece en la barandilla alta, al
                       lado opuesto del palco donde se le vio poco

antes. El POLICÍA 5.º, *desde la sala; el* 3.º,
desde el palco; el 1.º, *desde el escenario, dis-*
paran. El perseguido desaparece. Vuelve a
oírse la voz del POLICÍA *en los pasillos.)*

¡Deténgase o tiro!

(El SR. PALMA *fue a mirar de nuevo por el ori-*
ficio del telón y se desata en consternados
ademanes.)

SR. PALMA.   ¡No hagan tanto ruido!
LOS
TRAMOYISTAS.   ¡Él no lleva armas!

(El perseguido reaparece en un palco prosce-
nio muy alto. Jadeante y desconcertado, no
sabe por dónde salir. Varias pistolas lo enca-
ñonan rápidamente.)

MARTA.   *(Con las manos juntas.)*
                  ¡No, no! ¡Por favor!

(Al mismo tiempo, un hombre flaco y largui-
rucho, en mangas de camisa, aparece en la
puerta del camerino de ELOY *y, con gestos*
que denuncian su atroz miopía, profiere.)

ISMAEL.   ¡Aquí estoy! ¡Me entrego!
                  ¡No le disparéis!

(Sus palabras llegan tarde. Un disparo desde
el escenario efectuado casi al mismo tiempo
alcanza al perseguido, que se tambalea. Se le-
vantan en la sala musicales gritos femeninos.
La música describe un efecto descendente y
las miradas de los congregados en el escenario
siguen la imaginaria caída de un cuerpo desde
el palco al centro del proscenio, donde, con

un enorme golpe que el timbal subraya, apa-
rece súbidamente el perseguido. Dos POLICÍAS
sujetan a ISMAEL; *los otros se acercan al caído.*
Los cantantes que escaparon van reapare-
ciendo. Los POLICÍAS *le despojan al caído del*
sombrero, las gafas, la bufanda. Es ELOY.
MARTA *solloza.)*

COMISARIO.   No es él. No lo entiendo.
POLICÍA 1.º   Un cómplice ha sido.
LOS
TRAMOYISTAS.   ¡No llevaba armas!

(El COMISARIO *los considera fríamente. Des-*
pués mira de soslayo a la sala y se interpone
entre ella y el cuerpo para disimular sus movi-
mientos, lo cual no impide, sin embargo, que
se advierta cómo pone en la mano de ELOY *su*
propia pistola.)

COMISARIO.   Va armado.
POLICÍA 1.º   Va armado.
POLICÍA 2.º   *(A los* TRAMOYISTAS.)
                ¡Que nadie lo niegue!

(Los TRAMOYISTAS *lo miran iracundos, pero*
callan. MARTA *y el* SR. PALMA *corren junto a*
ELOY *y lo incorporan hasta arrodillarlo.)*

SR. PALMA.   Está agonizando...
ISMAEL.   Por favor, mis gafas.
                Yo soy Ismael.
                Los dos supusimos
                que no habría disparos
                y quiso salvarme.

(Un POLICÍA *le tiende las gafas, que él se pone.*
La música se torna suave y triste.)

COMISARIO.   ¿Fuiste tú quien le ha dado la pistola?
ISMAEL.   Es de usted la pistola. Comisario.

                  (Los POLICÍAS *que lo sujetan lo golpean.)*

COMISARIO.   *(Irritado por la respuesta.)*
                  ¡Ponedle al incendiario las esposas!

                  (Lo hacen. ELOY *levanta con dificultad la cabeza y reconoce a su amigo. El* COMISARIO *indica que se lleven al detenido. Los* POLICÍAS *empujan a* ISMAEL, *que se detiene junto a* ELOY.)*

ISMAEL.   Perdona, Eloy. Debí salir a tiempo.
                  Inútil todo ha sido. Tú te mueres...
                  Yo moriré también. Somos dos locos.
ELOY.   No es todo inútil... Aunque no lo entiendas...
                  Los actos son semillas... que germinan...
                  Germinará tu acción... También la mía.
ISMAEL.   *(Escéptico.)*
                  Tal vez.
POLICÍA 2.º   *(Empuja a* ISMAEL.)*
                                ¡Camina!
SR. PALMA.   *(Mirando su reloj.)*
                                ¡Salgan, salgan pronto!

                  (El POLICÍA *del palco, los apostados en la sala, fueron subiendo al escenario. Ahora salen todos por la izquierda tras los que conducen a* ISMAEL. *Los* POLICÍAS 1.º *y* 2.º *permanecen junto al* COMISARIO.)*

REGIDOR.   *(Consulta su reloj.)*
                  ¿Ordeno batería, señor Palma?

SR. PALMA.   *(Muy nervioso.)*
                  ¡Prevención a la orquesta! ¡Batería!

(El REGIDOR *sale por la derecha. Los cantantes desaparecen aprisa.* RODOLFO *no se mueve y mira a* ELOY *desde lejos con turbados ojos. El* ELECTRICISTA *permanece también en escena. El* SR. PALMA *corre al fondo para mirar por el orificio, soltando el brazo de* ELOY. ELOY *se vence, sujeto a duras penas por* MARTA. SIMÓN *toma la bacía caída y corre a sostener a* ELOY *por el brazo que el* SR. PALMA *abandonó.)*

SIMÓN.   *(Llorando.)*
                    No se nos muera, Eloy, hágame caso...
                    ¡Vea lo que le traigo! Su remedio...

                    (Le encaja la bacía en la cabeza.)

                    Esto le va a curar... Usted lo sabe...

                    (Percute entre tanto, tierno y grotesco, sobre la bacía, que devuelve su ahogado sonido de latón.)

ELOY.   Simón, no hay que llorar, pues no estoy solo...

                    (Con sus ojos tremendamente fijos en los de MARTA.*)*

                    Yo canto a una galaxia muy lejana.

                    (Su cabeza se abate y se le desencaja la bacía, que cae ante él. Ha muerto. MARTA *y* SIMÓN *lo depositan blandamente en el suelo. Llega del fondo el comienzo de una obertura española donde se entreveran sones de guitarras. El* SR. PALMA *vuelve del fondo y suplica al* COMISARIO DE POLICÍA.*)*

SR. PALMA.   Aquí no pueden dejarlo...
COMISARIO.   *(A los dos* POLICÍAS *que han quedado.)*
               Llévenlo a su camerino.

(Los POLICÍAS 1.º *y* 2.º *se acercan al cuerpo de*
ELOY. *Uno de ellos recoge con un pañuelo la*
pistola que retenía en su mano y se la guarda.
Los TRAMOYISTAS, *que miraban desde el esco-*
tillón donde los POLICÍAS *los confinaron, se*
miran entre sí, suben al escenario y se acercan
a su vez. Cuando los POLICÍAS *se disponen a*
levantar el cuerpo, dos TRAMOYISTAS *les tocan*
en la espalda. Los POLICÍAS *los miran. Mirán-*
dolos con gesto impenetrable, todos los TRA-
MOYISTAS *deniegan y los apartan, suave, pero*
resueltamente. Después levantan ellos el cadá-
ver y se encaminan, lentos, hacia el camerino
de la derecha. Uno de ellos se adelanta, lo
abre y enciende la luz. Diríase que la obertura
del fondo subraya, melancólica, esta muda
marcha fúnebre. SIMÓN *y* MARTA *van detrás*
del grupo. RODOLFO *retrocede, sin dejar de*
mirarlo con inquietos ojos, que se quedan fi-
jos en la puerta del camerino después que los
TRAMOYISTAS *la trasponen con el cuerpo. El*
COMISARIO *toca en el brazo al* SR. PALMA *y le*
indica que lo acompañe; con un movimiento
de cabeza, ordena luego a los dos POLICÍAS
que le sigan. Salen los cuatro por el lateral iz-
quierdo. SIMÓN *se sienta en los escalones,*
cerca del camerino; MARTA *contempla, desde*
la puerta, el invisible cuerpo de ELOY. *El*
ELECTRICISTA, *que miraba también desde el*
escenario, observa la crispada cara de RO-
DOLFO, *suspira y repasa los focos con la mi-*
rada. Los TRAMOYISTAS *van saliendo del ca-*
merino; tres de ellos cruzan para salir por la
izquierda y los otros tres desaparecen tras el

recodo del muro en el hombro derecho del escenario. MARTA *no se ha movido. La luz que ilumina a la bacía caída parece brillar más; repentinamente, comienza a sonar la extraña sucesión de notas que* ELOY *oía en ella y que pronto gana intensidad. El* ELECTRICISTA *echa a andar para salir por la derecha, pero se detiene y se vuelve, intrigado, hacia la bacía. No se sabe si oye algo o si le sorprende, simplemente, la indebida presencia del objeto en el suelo. Perplejo, se rasca la cabeza, se pasa la mano por la cara y opta por seguir su camino sin hacer caso, saliendo.* SIMÓN *vuelve despacio la cabeza y mira, asombrado, a la bacía. El* REGIDOR *entra rápidamente en escena por la izquierda, comprueba con una ojeada la disposición de la misma y vuelve a la izquierda para dar unas débiles palmadas. Luego corre a la derecha, pero, a la mitad del camino, se detiene y mira a la bacía un segundo. Sin darle más importancia, sigue su rápida marcha y palmea débilmente hacia la derecha, saliendo por ella. Por la izquierda entra presuroso* SALUSTIO *(El Ventero) con un libro en la mano, y cruza la escena para salir de ella y apostarse junto a la portalada de la derecha. Sin dejar de andar, se volvió un momento a mirar a la bacía. Por la derecha entra y se sitúa a su lado el* MOZUELO, *con una vela encendida. Entran también por la derecha las dos* MOZAS DEL PARTIDO, *quienes, al cruzar, se detienen cerca de la bacía y se miran perplejas. El* REGIDOR *asoma un instante por la derecha y les palmea débilmente, instándolas a correr y a situarse junto al pozo. Una de ellas toma de la pileta la espada desnuda de Don Quijote y la otra las espuelas.* MARTA *se vuelve, con una expresión nueva. Severa y pe-*

netrante, su mirada ya no es la de una infeliz muchacha. *Sin mostrar sorpresa, mira a la bacía y se encamina a recogerla.* SIMÓN *no la pierde de vista.* RODOLFO, *que no se ha movido y la ve llegar, mira a la bacía, por primera vez, con zozobra y disgusto. Con sencillo y sereno ademán,* MARTA *levanta la bacía y mira a* RODOLFO. *Él desvía la vista y va a situarse delante de las dos* MOZAS. *Sosteniendo la bacía y seguida por la intranquila mirada de* RODOLFO, MARTA *vuelve sobre sus pasos.* SIMÓN *se levanta al verla llegar y contempla el paso de la bacía con respeto y temor. Luego sigue, sumiso, tras la muchacha. La obertura concluye y, al tiempo que la lejana orquesta ataca un nuevo motivo, el telón del fondo comienza a subir.* MARTA *y* SIMÓN *entran en el camerino de* ELOY, *cuya puerta se cierra suavemente; pero las notas de la bacía, trocadas ya en invasora catarata, siguen mezclándose curiosamente con las mesuradas tonalidades del fondo. El telón sube del todo, Don Quijote se arrodilla y el Ventero, seguido del* MOZUELO, *entra en escena.* RODOLFO *no logra concentrarse; sus miradas se escapan hacia el camerino de* ELOY. *La* MOZA *que sostenía la espada se la entrega al Ventero, quien, tras susurrar ininteligiblemente durante breves instantes lo que finge leer en su libro a la luz de la vela, da a Don Quijote la pescozada y el espaldarazo. Mas también en su actuación se ha deslizado algún indeciso roce, alguna involuntaria pausa, alguna inquieta mirada de soslayo. Don Quijote se levanta y le dedica una profunda inclinación, que el Ventero le devuelve. Es evidente que todos trabajan fríamente esta noche y que su pensamiento se encuentra en otro lado. La* MOZA *recobra la es-*

pada y se la mete a Don Quijote en la vaina;
la otra MOZA *se arrodilla y le calza las espue-*
las. Entre tanto, se oye la segunda estrofa de la
copla castellana, que alguna moza de la venta
canta fuera, y su melodía también se entrama
raramente con las notas incontables que pare-
cen salir del camerino cerrado.)

VOZ 5.ª   El Caballero llegaba
                 a la fontecica fría
                 para aliviar su agonía
                 y el agua no le saciaba...

                 (Las cortinas comienzan a correrse muy des-
                 pacio. Terminado de armar, Don Quijote se
                 enfrenta al oscuro hueco de la sala del fondo y
                 eleva sus brazos para cantar. A sus espaldas,
                 Ventero, MOZAS *y* MOZUELO *fingen reprimir*
                 sus risas. La música se va amortiguando y es
                 ya un hilo sonoro cuando terminan de ce-
                 rrarse las

                          CORTINAS*)*

ÚLTIMOS TÍTULOS PUBLICADOS
EN COLECCIÓN AUSTRAL